4300년 전
최초의 시인 엔-헤두-안나와
미국사 인물 틀릴리스 등장

4500년 전
수메르에 학교 생겨남

4000년 전
이집트인 나일강에서
○○ 도시까지 대운하 건설

5000년 전
이집트가 통일되고
파라오가 지배함

3300년 전
전염병 기록 처음 등장

5200년 전
수메르어서 문자 발명

역사
연대표

Author: Yuval Noah Harari
Illustrator: Ricard Zaplana Ruíz

C.H.Beck & dtv:
Editors: Susanne Stark, Sebastian Ullrich

Sapienship Storytelling:
Production and management: Itzik Yahav
Management and editing: Naama Avital
Marketing and PR: Naama Wartenburg
Editing and project management: Ariel Retik, Nina Zivy
Research assistants: Jason Parry, Jim Clarke, Zichan Wang, Corrine de Lacroix, Dor Shilton
Copy-editing: Adriana Hunter
Design: Hanna Shapiro
Diversity consulting: Slava Greenberg
www.sapienship.co

Cover illustration: Ricard Zaplana Ruíz

Unstoppable Us: Why the World Isn't Fair (volume 2)
Copyright © 2023 Yuval Noah Harari.
ALL RIGHTS RESERVED.

Korean translation copyright © 2023 by Gimm-Young Publishers, Inc.
All rights reserved, including the right of total or partial reproduction in any form.
This Korean edition was published by arrangement with Yuval Noah Harari.

이 책의 저작권은 저작권자와의 독점 계약으로 (주)김영사에 있습니다.
저작권법에 의해 한국 내에서 보호를 받는 저작물이므로 무단 전재와 무단 복제를 금합니다.

멈출 수 없는 우리 ❷ 세상은 왜 공평하지 않을까

1판 1쇄 발행 | 2023. 11. 28. 1판 2쇄 발행 | 2025. 3. 25.

유발 하라리 글 | 리카르드 루이스 그림 | 김명주 옮김

발행처 김영사 | **발행인** 박강휘 | **편집** 문자영 | **디자인** 김민혜 | **마케팅** 서영호 | **홍보** 조은우
등록번호 제 406-2003-036호 | **등록일자** 1979. 5. 17. **주소** 경기도 파주시 문발로 197(우10881)
전화 마케팅부 031-955-3100 | 편집부 031-955-3113~20 | 팩스 031-955-3111

값은 표지에 있습니다.
ISBN 978-89-349-4586-4 73900

좋은 독자가 좋은 책을 만듭니다. 김영사는 독자 여러분의 의견에 항상 귀 기울이고 있습니다.
전자우편 book@gimmyoung.com | 홈페이지 www.gimmyoungjr.com

어린이제품 안전특별법에 의한 표시사항

제품명 도서 제조년월일 2025년 3월 25일 제조사명 김영사 주소 10881 경기도 파주시 문발로 197
전화번호 031-955-3100 제조국명 대한민국 ⚠주의 책 모서리에 찍히거나 책장에 베이지 않게 조심하세요.

모든 존재들에게 :
이미 죽었거나, 살아 있거나, 곧 탄생할 모든 이들에게.
오늘날 세상은 우리 조상이 만들었어요.
앞으로의 세상이 어떻게 될지는 우리가 선택해야 해요.
_ 유발 하라리

유발 하라리

예루살렘 히브리 대학교 역사학과 교수. 우리 시대 가장 영향력 있는 지성인. 옥스퍼드 대학교에서 중세 전쟁사로 박사 학위를 받았다. 2020년과 2018년 다보스에서 인류의 미래에 관한 기조 연설을 했다. 2019년에는 엔터테인먼트와 교육 부문을 담당하는 '사피엔스십'을 세워, 오늘날 세계가 직면한 글로벌 문제들에 대한 대화를 이끌어 내기 위한 방법을 모색하고 있다. 현재 역사와 생물학의 관계, 호모 사피엔스와 다른 동물의 차이점, 21세기에 과학과 기술이 제기하는 윤리적 문제 등을 연구하고 있다. 대표작 《사피엔스》《호모데우스》《21세기를 위한 21가지 제언》은 65개국에서 4000만 부 이상 판매된 세계적인 베스트셀러이다. 특히 《사피엔스》는 〈사피엔스: 그래픽 히스토리〉 시리즈로 쉽고 재미있게 재탄생시켰다. 그리고 2022년 출간한 《멈출 수 없는 우리 ❶ 인간은 어떻게 지구를 지배했을까》는 '뉴욕 타임스 베스트셀러'에도 올랐다.

리카르드 루이스 그림

바르셀로나에서 태어난 디자이너이자 일러스트레이터이다. 2014년부터 어린이와 청소년을 위한 책과 잡지에 그림을 그리고 있으며, 영화와 텔레비전의 애니메이션 및 스토리 작업에도 참여했다.

김명주 옮김

성균관대학교 생물학과, 이화여자대학교 통역번역대학원을 졸업했다. 주로 과학과 인문 분야 책들을 우리말로 옮기고 있다. 옮긴 책으로 《호모 데우스》《사피엔스: 그래픽 히스토리》《자연은 어떻게 발명하는가》《인간이 만든 물질, 물질이 만든 인간》《세상을 바꾼 길들임의 역사》《멈출 수 없는 우리 ❶ 인간은 어떻게 지구를 지배했을까》 등이 있다.

멈출 수 없는 우리

2
세상은 왜 공평하지 않을까

우발 하라리
리카르드 루이스 그림 | 김명주 옮김

주니어김영사

이 책에 대해

《멈출 수 없는 우리》 1권에서는 인간이 아프리카 초원에서 보잘것없는 유인원으로 살면서 치타와 하이에나를 무서워하던 시절부터, 인간이 지구에서 가장 강한 동물이 되어 거대한 곰과 매머드를 사냥할 때까지의 모험을 따라가 봤어.

두 번째 책에서는 인간이 어떻게 개·닭·소 같은 동물을 통제하게 되었는지, 또 어떻게 어떤 사람들이 다른 사람들을 지배하게 되었는지 살펴볼 거야. 왜 어떤 사람들은 왕과 여왕이 되고, 어떤 사람들은 그들을 대신해 궁전을 청소하고 빨래를 해야 할까? 왕과 궁전은 도대체 무엇을 위해 존재할까?

인간의 역사는 어마어마하고 흥미진진해. 그래서 수천 년 동안 사람들은 우리가 어디서 왔는지 이해하려고 노력해 왔지. 우리는 남겨진 유물을 보고 옛날 사람들이 어떻게 살았는지 알 수 있어. 그런 유물에는 옛 궁전의 유적, 깨진 항아리, 오래전에 죽은 사람과 동물 뼈, 심지어 수천 년 전에 살았던 학생의 공책도 있지.

이 책에 나오는 어떤 사건들은 옛 공책 유물을 포함해 많은 증거가 남아 있어. 하지만 증거가 별로 없는 사건들도 있지. 과학자들은 그런 빈틈을 채우기 위해 이미 알고 있는 사실을 바탕으로 추측을 해. 물론 아직 우리가 모르는 게 많고, 과학자들 사이에 의견이 다른 사건들도 많아. 이 책은 최근에 발견된 유물을 바탕으로 썼지만, 과거에 대한 지식은 항상 새로워지고 있어. 궁전 유적이나 오래된 해골이 계속 발견되기 때문이지.

이 책에는 과학자들의 발견을 쉽고 재미있게 보여 주기 위해 만들어 낸 가짜 인물의 가짜 대화가 포함되어 있어. 물론 실제로 사람이 나눴던 대화는 아니야. 하지만 대화에서 말하는 사건들은 정말로 일어났고, 이런 사건들이 지금 우리가 살아가는 세상을 만들었어.

차례

역사 연대표

이 책에 대해 ·· 08

한국어판 서문 ·· 10

머리말_공평하지 않아 ······························ 12

1장 모든 것을 지배하다 ···························· 14

2장 전장, 이럴 줄 몰랐어 ························· 54

3장 어른들을 두려움에 빠뜨린 걱정거리 ········ 80

4장 죽은 자들의 꿈 ································· 118

감사의 말 ·· 164

역사 세계 지도

한국어판 서문

사람들이 정답이라고 생각하는 것들이 진실일까?

　우리가 살고 있는 세상은 죽은 사람들이 머릿속으로 그렸던 꿈이야. 신, 국가, 돈, 사랑에 대해 우리가 믿는 이야기들은 옛날 사람들이 지어낸 이야기들이지. 오늘날 우리가 어떻게 행동하는지를 결정하는 건 이런 옛날 이야기들이야. 왜 어떤 사람은 으리으리한 궁전에 살고, 어떤 사람은 오두막에 살면서 매일 궁전을 청소하러 갈까? 왜 사람들은 전쟁을 할까? 여성이 대통령이 될 수 있을까? 사람들은 이런 질문들에 대한 답을 알고 있다고 생각하지. 하지만 사람들이 정답이라고 생각하는

것들이 진실일까? 아니면 오래전 누군가가 지어낸 이야기일 뿐일까? 역사를 배우면 무엇이 진실이고, 무엇이 옛날 사람들이 지어낸 이야기인지 알 수 있어. 역사를 배우는 목적은 그저 오래전에 일어났던 일을 외우는 데 있지 않아. 역사를 배우는 진짜 목적은 죽은 사람들의 꿈에서 자유로워지는 데 있어.

2023년 11월 유발 하라리

공평하지 않아

"공평하지 않아!"

이 말을 몇 번이나 들어 봤어? 아니면 몇 번이나 말해 봤어? 아마 엄청 많을걸.

어떤 사람들은 엄청나게 부자야. 그들은 수영장이 딸린 궁전 같은 집에 살고, 전용 비행기를 타고 다니며, 설거지나 방 청소도 하지 않아. 왜냐하면 도우미가 해 주니까. 어떤 사람들은 정말 가난해. 그들은 화장실도 없는 판잣집에 살고, 비를 맞으며 버스가 오기를 기다리고, 돈을 벌기 위해 남들이 사용한 더러운 접시를 씻으러 가지.

어떤 사람들은 어마어마하게 힘이 세. 이들은 규칙을 정하고, 군중 앞에서 연설하고, 다른 사람들에게 지시를 내려. 한편 어떤 사람들은 아무런 힘이 없어. 그들은 정해진 규칙을 따르고, 지도자가 연설할 때 박수를 보내고, 지시에 따라야 해. 정말 불공평하지 않아?

아이들은, "커서 뭐가 되고 싶어?"라는 질문을 자주 받아. 하지만 세계의 많은 나라에서 아이들은 선택권이 없어. 대통령이 되고 싶어도, 가난한 집에 태어났다면, 기껏해야 대통령궁 앞 거리를 쓰는 청소부가 되어 대통령 가까이에 갈 수 있을 뿐이지.

그런데 원래부터 이랬을까? 처음부터 부자와 가난한 사람, 주인과 하인이 따로 있었을까?

머리말

　세상은 원래 그런 거라고 말하는 사람들도 있어. 어디를 봐도 항상 힘 있는 사람들이 지배하고 약한 사람들은 복종해. 과거 시대를 배경으로 한 영화나 비디오게임에서도 왕과 왕비는 으리으리한 성에 살면서 거대한 왕국을 다스리고, 수백만 명에게 명령을 내리잖아.
　하지만 사실 처음에는 왕도 왕국도 없었어. 적어도 거주민이 수백만 명이나 되는 왕국은 확실히 없었지. 약 1만 년 전까지 사람들은 많아야 수천 명 정도밖에 되지 않는 작은 무리와 부족을 이루고 살았어.
　물론 그때도 부족의 우두머리가 되어 남들을 이끌고 싶어 했던 사람은 있었어. 하지만 아무리 큰 부족의 족장도 대단한 권력은 없었지. 으리으리한 성을 짓거나 거대한 왕국을 정복할 만큼 사람들이 많지 않았거든. 그리고 족장이 거들먹거리며 성가시게 굴면, 사람들은 그냥 무시하고 그 자리를 뜨면 그만이었지.
　그러다 1만 년 전쯤에 정말 이상한 일이 일어나면서 모든 게 달라졌어. 그때부터 대다수 사람이 서서히 힘을 잃었고, 야망이 넘치는 몇몇 사람들이 다른 사람들을 지배하게 되었지.
　도대체 1만 년 전에 무슨 일이 있었기에 일부 사람들이 나머지 모두를 지배하게 되었을까? 왜 그 많은 사람은 몇몇 지배자가 시키는 대로 따랐을까? 그리고 왕과 왕국은 어디서 생겨났을까?
　이 질문의 답은 아마 네가 들어 본 이야기 가운데 가장 이상한 이야기일 거야.
　그리고 실제로 일어난 일이야.

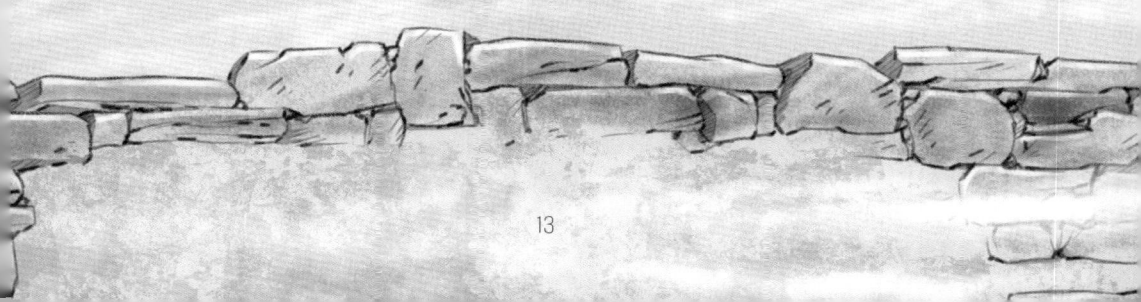

1장

모든 것을 지배하다

명령하지 마

이 이야기는 1만 년 전쯤 서아시아에서 시작되었어. 그곳 사람들은 다른 지역 사람들과 마찬가지로 수렵채집 생활을 했어. 산과 들에서 사는 양·가젤·토끼·오리를 사냥했고, 산과 들에서 자라는 밀·양파·렌틸콩·무화과를 땄어. 또 바닷가와 호수와 강에서 물고기와 게를 잡고 굴을 땄지.

인간은 그때 이미 세계에서 가장 강한 동물이었지만, 아직 다른 생물을 지배하지는 않았어. 식물을 채집했을 뿐, 식물에게 어디에서 자라라고 명령하지 않았지. 동물을 사냥했을 뿐, 동물에게 어디로 가라고 명령하지 않았어.

물론 사는 게 항상 즐겁지는 않았어. 주위에는 여전히 뱀 같은 위험한 생명체들이 가득했고, 눈보라부터 폭염까지 온갖 재난이 닥쳤지. 이따금 이웃과 주먹다짐도 했어. 어느 시절이나 심술궂은 사람들은 꼭 있으니까.

그래도 대체로는 먹을거리가 충분했고, 자유 시간도 많아서 사람들은 귀신 이야기를 나누거나, 꾸벅꾸벅 졸거나, 축제를 즐기러 이웃 마을을 방문하기도 했어. 그때는 전쟁도 전염병도 굶주림도 거의 없었지.

가젤이 다른 곳으로 무리 지어 이동하거나 근처에 무화과가 없으면, 사람들은 가젤과 무화과가 있는 곳으로 야영지를 옮기면 그만이었어.

세상을 바꾼 식물

하지만 어떤 곳에는 먹을거리가 풍부해서 굳이 야영지를 옮길 필요가 없었어. 사람들은 일 년 내내 같은 장소에서 살 수 있었지. 이런 특별한 장소에는 다른 데서 볼 수 없는 식물이 많이

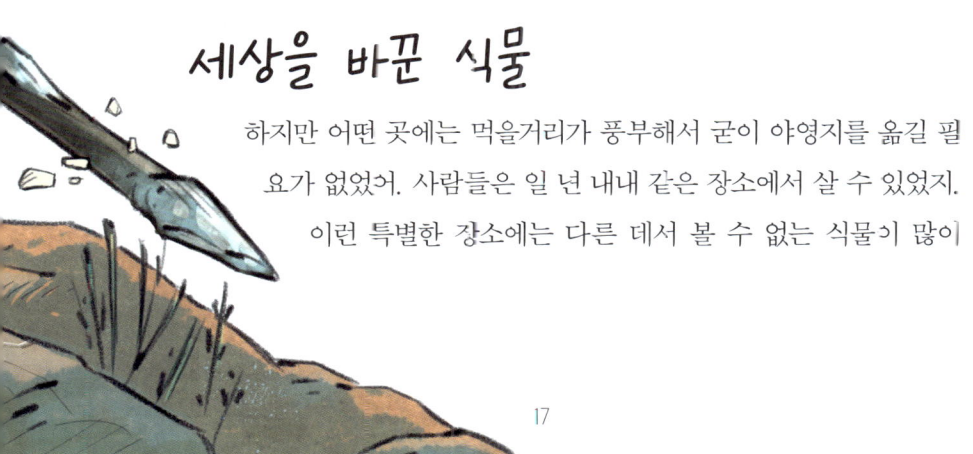

멈출 수 없는 우리

자랐어. 그 식물은 크거나 아름답지는 않았어. 하지만 이 모든 이야기가 시작된 이유도, 온 세상이 전혀 다른 모습으로 바뀐 이유도 알고 보면 그 식물 때문이지. **그 식물은 바로 곡식이야.**

너도 날마다 곡식을 먹을 거야. 밀·보리·쌀·옥수수·수수는 모두 곡식이야. 빵·쿠키·케이크·파스타·국수는 모두 곡식으로 만들지. 네가 아침에 먹는 시리얼도 곡식으로 만들어. '시리얼 cereal'이 '곡식'이라는 뜻이니까 이름 안에 답이 있는 셈이지! 하지만 1만 년 전까지만 해도 사람들은 곡식을 많이 먹지 않았어.

곡식은 흔한 식물이 아니었어. 예를 들어, 밀은 아메리카·중국·오스트레일리아에서는 자라지 않았지. **서아시아의 몇몇 지역에서만 자랐을 뿐이고,** 그나마 오늘날 우리가 아는 밀밭 같은 건 없었어. 이 언덕 저 언덕에서 조금씩 자랐을 뿐이지. 그래서 서아시아에서 사는 사람들도 굳이 곡식에 관심을 갖지 않았어. 그런데 몇몇 사람들이 그걸 채집하기 시작했지.

사람들이 언제 어디서 곡식에 관심을 가지기 시작했는지 정확히는 몰라. 하지만 상상해 볼 수는 있지. 어느 날, 식물과 동물을 찾아 이곳저곳 떠돌아다니던 무리의 소녀가 주로 한 곳에서 밀을 채집하는 부족의 소녀를 만났을지도 몰라.

떠돌아다니는 소녀가 말했어.

"안녕, 나는 도라라고 해. 돌아다니기를 좋아해서 붙여진 이름이야. 너는 이름이 뭐야?"

"나는 밀리라고 해. 밀을 엄청 좋아해서야."

"밀이라고? 풋, 나는 그런 건 거들떠보지도 않아. 하루 종일 채집해도 별로 구하지 못하니까. 게다가 너무

1장_모든 것을 지배하다

딱딱해서 한번은 씹다가 이가 깨진 적도 있어. 너무 오래 씹었더니 머리까지 지끈지끈 아팠지. 소화도 잘 안 돼서 사흘이나 배가 아프더라고."

"**제대로 요리해서 먹어야지! 밀은 그냥 먹으면 안 돼!** 일단 야영지로 가져와서 거친 껍질을 벗기고 곱게 갈아야 해. 그런 다음에 가루에 물을 섞어서 모닥불 옆에 놓인 크고 넓적한 돌 위에 올려놓고 좀 기다려. 그러면 맛있는 빵을 먹을 수 있어! 이빨이 부러지거나 머리가 아프거나 속이 쓰릴 염려도 없지!"

"휴, 그 힘든 일을 언제 다 해! 나는 그냥 무화과랑 물고기를 먹을래."

"힘들기는 해. 하지만 밀 알갱이는 무화과나 물고기에 비해서 큰 장점이 하나 있어."

"그게 뭔대? 그 딱딱하고 작은 알갱이가 뭐가 그렇게 대단하지?"

"물기가 많은 무화과와 물고기는 말리거나 굽지 않으면 금방 상하잖아. 잡은 지 사흘 된 물고기 먹어 봤어?"

"으으~, 구역질 나!"

"무슨 말인지 알겠지? **곡식은 몇 달 동안 저장해도 괜찮아!** 우리는 추수철에 곡식을 최대한 거둬들여서 저장해 둬. 다른 계절에는 우리도 너희처럼 동물과 식물을 사냥하고 채집해. 무화과도 따고 가젤도 잡지. 하지만 사냥하거나 채집할 게 아무것도 없을 때도 있잖아."

"그럴 때는 다른 계곡으로 옮겨 가면 되지. 안 그래?"

"아니야! 우리는 야영지로 돌아와 저장해 둔 곡식 알갱이를 갈아서 빵이나 죽을 만들어! 추수철에 곡식을 충분히 모아 두기만 하면 일 년 내내 같은 야영지에서 지낼 수 있지!"

머리 하나에 모자가 다섯

이처럼 곡식을 먹는 사람들이 1만 년 전쯤 서아시아에서 최초의 마을을 세웠어. 곡식 낟알을 넉넉하게 저장해 두면 자주 옮겨 다닐 필요가 없었지. 사실 시간이 흐를수록 옮겨 다니며 살기가 어려워졌어. 마을에 온갖 물건이 쌓이기 시작했기 때문이지. 수렵채집인은 가진 게 별로 없어서 떠나기로 마음먹으면 그냥 가볍게 이동하면 그만이었어. '곡물인'은 그게 쉽지 않았지.

밀리가 물었어.

"너희는 어디서 잠을 자?"

도라가 말했어.

"우리는 갈대와 나뭇가지로 오두막을 지어. 한 시간이면 돼."

"에이……, 우리는 이제 그런 야영지에서 살지 않아. 집을 짓고 마을을 세우지! 우리는 돌을 모으고 나무를 베고 진흙으로 벽돌을 만들어서 제대로 된 집을 지어. 일 년 내내 지낼 집이니 그 정도 고생은 할 만한 가치가 있지. 특히 폭풍이 불 때를 생각하면."

"맞아, 폭풍은 정말 끔찍해! 우리도 가끔은 동굴 안에서 폭풍을 피하지만, 보통은 나무 밑에서 홀딱 젖은 채로 덜덜 떨면서 폭풍이 지나가기만을 기다리기 일쑤야."

"나는 폭풍 따위는 무섭지 않아. 아늑한 침대에서 지붕에 떨어지는 빗소리와 바람에 문이 덜커덩거리는 소리를 들으면 그만이거든!"

"와, 좋겠다! 나도 그런 집이 있으면 정말 좋을 텐데……. 그런데 다른 데로 이사 가고 싶으면 어떻게 해? 집을 어떻게 가져가?"

"우리는 이사를 안 해. **이사 다닐 이유가 없잖아?** 힘들게 집을 지었는데 말이야. 곡식은 또 어쩌고! 곡식 창고를 가져갈 수는 없잖아?"

"그렇겠네. 칼과 바늘이 든 작은 가방을 들고 다니는 것만 해도 힘들지."

"애걔, 고작 칼과 바늘이라고? 우린 도구가 엄청나게 많아. 추수하는 돌낫, 곡식을 가는 막자와 막자사발, 또 음식을 요리하고 빵을 굽는 화덕도 있어. **만일 다른 곳으로 옮겨 가려면 이 모든 걸 두고 떠나야 한다고.**"

"너희는 물건이 정말 많구나."

"그게 전부가 아니야. 훨씬 더 많아! 우리는 온갖 물건을 보관해. 어제는 예쁜 돌멩이를 주워서 집에 가져갔어. 지난번에는 사람들도 거대한 뿔을 가

진 사슴을 사냥했는데, 그 사슴뿔을 우리 집 벽에 장식해 놓았어. 정말 근사해! 게다가 뿔에 외투와 모자들을 걸쳐 둘 수도 있지!"

"모자들이라고? 모자가 한 개가 아니야?"

"당연하지. 나는 여우 이빨로 장식한 낡은 모자, 늑대 꼬리로 만든 모자, 곰 털로 만든 모자도 있고, 꽃으로 장식한 밀짚모자도 두 개나 있어!"

"왜 그렇게 많은 모자가 필요해? 머리는 하나뿐이잖아!"

밀리네 마을 사람들은 자신들이 가진 물건들을 보면서 매우 뿌듯해했어. 하지만 때로는 왠지 꺼림칙했지. 그 마을에 사는 한 투덜이가 불평을 늘어놓았어.

"그거 알아? 이제 이 마을이 싫어. 너무 복잡하고 지저분하고 시끄러워! 주변에 사람이 너무 많아. 게다가 빵과 죽만 먹는 것도 질렸어. 날마다 죽이라니! 나는 무화과와 가젤 고기를 먹고 싶어. 어젯밤에는 누가 우리 집 바로 뒤에 설사 똥을 싸 놨어. 믿어져? 더는 못 참아! 다른 데로 이사 가자."

몇몇 사람들이 맞장구를 쳤어.

"내 생각도 그래. 하지만 이 물건들은 다 어쩌고? 창고에 쌓인 곡식은 또 어떡해? 그걸 모으느라 얼마나 힘들었는데! 무화과나 가젤을 못 찾으면 어떡해? 에이, 안 되겠다. 그냥 여기서 살자."

게으름뱅이의 아이디어

밀 낟알은 아주 작아. 그래서 곡식인들은 밀을 거둬서 마을로 가져가는 도중에 낟알을 몇 개씩 흘렸어. 네가 휴대폰을 잃어버렸다고 생각해 봐. 아마 화가 나겠지? 몇 시간이 걸리더라도 꼭 찾으려고 할 거야. 하지만 우리 조상들은 밀 낟알을 몇 개 흘려도 잃어버린 줄도 몰랐고, 찾을 생각도 하지 않았어. 중요하다고 생각하지 않았으니까.

하지만 이 일은 매우 중요한 사건이었어. 휴대폰을 길에 흘리면, 휴대폰이 자라서 휴대폰 나무가 되지는 않아. 하지만 밀 낟알을 길에 흘리면, 몇몇 낟알들이 싹을 틔우고 자라지. 그래서 사람들이 다니는 길가와 마을 주변에 점점 많은 밀이 자라기 시작했어.

그걸 보고 몇몇 사람들이 새로운 아이디어를 떠올렸어. 그들은 곡식 창고에 낟알을 많이 저장하고 싶어 했지만, 언덕을 오르내리며 낟알을 거둬서 마을로 가져오기는 싫어했지. 강에서 물고기를 잡거나 나무에 올라가 알을 훔치는 일보다 어렵고 지루했기 때문이야. 게다가 가뭄이 들면 밀이 잘 자라지 않았지. **마을 사람들은 힘들이지 않고도 낟알을 많이 모을 방법을 궁리했어.** 그때 마을 최고 게으름뱅이가 기발한 아이디어를 생각해 냈어.

"잠깐만. 왜 여기저기 다니면서 찔끔찔끔 낟알을 모아? 밀이 자랄 곳을 지정하면 되잖아. 우리가 다니는 길가에 많은 밀이 자라는 거 봤어?"

다른 사람이 대답했어.

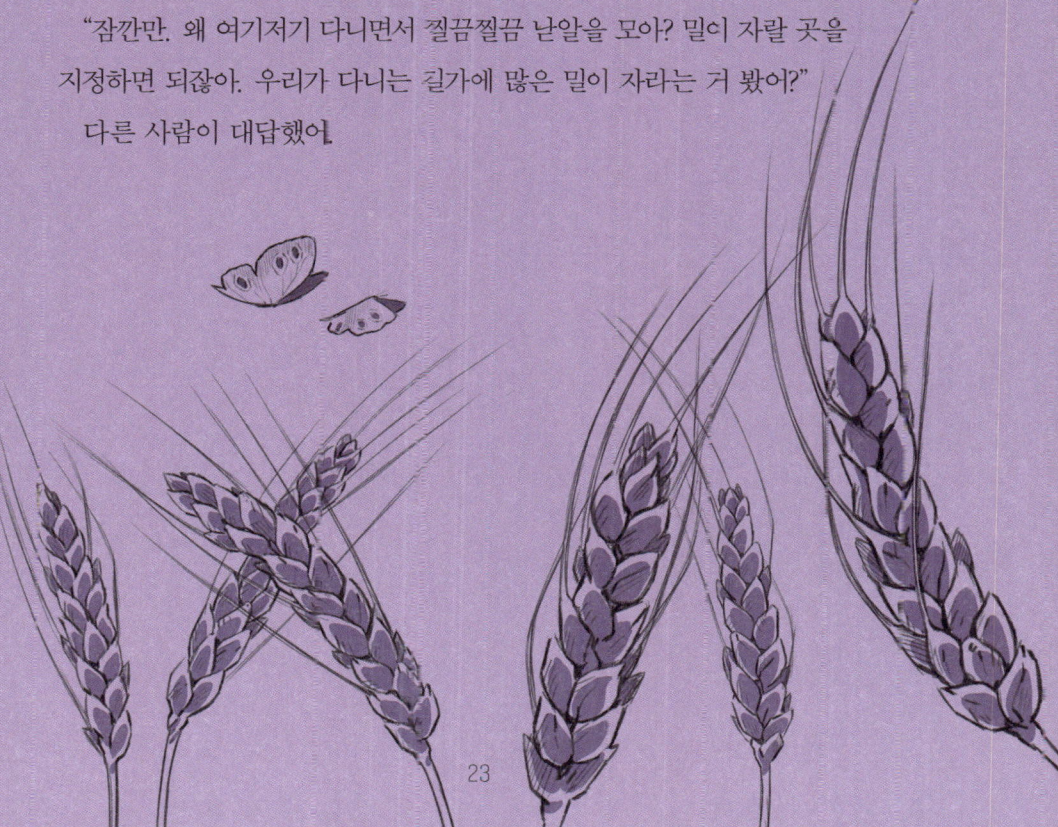

"봤지. 너 같은 게으름뱅이들이 낟알을 흘려 놓고 찾을 생각을 안 하니까!"

게으름뱅이가 맞받아쳤어.

"나쁠 것 없잖아! 우리가 다니는 길에 밀이 자라면 더 좋지. 굳이 찾으러 다니지 않아도 되니까! 그래서 내가 생각해 봤는데, **마을 근처에서 밀을 기르면 어떨까?**"

"어떻게?"

"밀 식물은 밀 낟알에서 자라잖아? 그러니까 마을 주변에 낟알을 일부러 뿌리는 거야. 낟알 한 개가 자라면 낟알 열 개가 맺힐 테니, 낟알이 열 배가 되겠지. 게다가 먼 언덕 위가 아니라 마을 근처에서 자라니까 더 좋고!"

밀을 좋아하는 남자가 외쳤어.

"어이가 없군! 먹을 밀도 없는데 그걸 뿌리자고? 참나, 별소리를 다 들어 보는군!"

게으름뱅이가 참을성 있게 설명했어.

"버리는 게 아니라 투자야. 오늘 낟알 한 개를 뿌리면 내년에 훨씬 많은 식량을 얻을 수 있어."

늙고 현명한 여성이 대답했어.

"뜻대로 되지 않을걸. 마을 주변에는 나무와 덤불이 우거져서 밀이 햇빛을 제대로 받지 못해. 게다가 뿌리 깊은 나무가 땅속의 물과 양분을 다 빨아들이지. 그래서 알다시피 숲에서는 밀이 자라지 않아. 게으름뱅이군, 나무와 덤불 사이에 낟알을 뿌려 봤자 밀이 잘 자라지 않을 거야."

꾀돌이가 끼어들었어.

"잠깐만. 나무와 덤불을 불태운 다음에 재 위에 낟알을 뿌리면 어때? 그러면 다른 식물과 경쟁하지 않아도 되잖아. 몇 달만 지나면 밀이 무럭무럭 자랄 테고, 그러면 낟알을 모으려고 멀리 가지 않아도 되지."

그건 지금까지 아무도 생각하지 못한 아이디어였어. 밀이 자랄 곳을 지시하고, 나무와 덤불이 그곳에서 자라지 못하게 하자는 말이었으니까. **인간이 다른 살아 있는 생명체를 쥐락펴락하겠다는 뜻이었어.** 몇몇 사람들이 화를 내며 그건 나쁜 생각이라고 말했어.

"다른 생물들이 어떻게 살지는 그들이 결정해요. 밀은 우리에게 이래라저래라하지 않는데, 왜 우리는 밀에게 뭔가를 시키려고 하죠?"

하지만 그 아이디어가 아주 마음에 드는 사람들도 있었어.

"왜 안 돼요? 큰 사슴이나 용감한 사자에게는 뭔가를 시키면 안 되지만, 밀 정도는 괜찮지 않을까요? 시시하고 작은 식물일 뿐이잖아요. 인간은 밀보다 훨씬 똑똑해요."

그들은 논쟁하고 또 논쟁했어. 그래도 결론을 내릴 수 없었지.

찜찜한 기분

그래서 그들은 영혼들에게 어떻게 생각하는지 물어보기로 했어. 옛날 사람들은 세상이 온갖 영혼으로 가득하다고 믿었지. 어떤 영혼은 동굴에, 어떤 영혼은 하늘에, 어떤 영혼은 나무에, 또 어떤 영혼은 밀 같은 식물에 깃들어 있다고 믿었어. 그들은 중요한 결정을 내릴 때는 항상 영혼들에게 물어보았어. 그래서 영혼 전문가는 무리에서 가장 중요한 사람이었지. **사람들은 영혼 전문가가 영혼들에게 직접 물어보고 답을 들을 수 있다고 믿었어.**

멈출 수 없는 우리

이번에도 영혼 전문가는 신성한 동굴로 들어가서 7일 밤낮을 머물며 아무것도 먹지 않고 영혼의 조언을 구했지. 그러고는 마침내 동굴 밖으로 나와 영혼의 이야기를 전해 줬어.

"밀 영혼이 이 계획을 그만두라고 했어. **나무를 태우고 다른 생명에게 명령을 내리겠다고? 큰일 날 일이야!**"

그래서 사람들은 그 계획을 그만두기로 했어.

하지만 시간이 좀 더 흐른 뒤, 아마 99년쯤 지나서, 어떤 마을의 누군가가 같은 아이디어를 다시 떠올렸어. 어쩌면 먹을거리가 떨어졌거나, 아주 큰 축제를 열고 싶은데 손님들에게 대접할 음식이 부족했기 때문이었을 거야. 다시 논쟁이 시작되었어. 그들의 영혼 전문가도 동굴로 들어갔지. 이번에는 영혼 전문가가 동굴에서 나와 이렇게 말했어.

"밀 영혼이 내게 와서, 똑똑한 인간이 불쌍한 밀을 돕는 건 정말 좋은 생각이라고 말했어. 밀은 개의치 않는다고 했지. 인간의 도움을 받으면 아주 기쁠 거라고 말했어."

그 영혼 전문가는 자기가 정말로 밀 영혼을 만나 이야기를 들었다고 생각했을지도 몰라. 너무 배가 고파서 헛들었는지도 모르지. 아무것도 듣지 못했는데 단지 그 아이디어가 마음에 들었을 수도 있어. 어쨌든 사람들은 밀 영혼의 대답을 전해 듣고, **마을 주변 숲을 태우고 밀 낟알을 뿌렸어.**

결과는 성공이었어. 몇 달 뒤 마을 주변에 많은 밀 줄기가 자랐지. 사람들은 이 아이디어가 무척 마음에 들었어. 하지만 현명한 한 할머니는 여전히 밀이 자랄 곳을 인간이 지정해서는 안 된다고 생각했지.

"왠지 찜찜해. 모두 후회하게 될 거야."

하지만 아무도 그 말을 귀담아듣지 않았어.

한 가지 작은 문제

마을 사람들은 새로운 아이디어가 마음에 들었고, 이 아이디어는 다른 마을까지 퍼져 나갔어. 하지만 199년쯤 흐른 뒤, 다시 투덜이들이 투덜대고 게으름뱅이들이 불평을 늘어놓기 시작했어.

"이 방법은 문제가 많아. 땅에 낟알을 뿌리는 방식은 효율적이지 못해. 들이는 노력에 비해서 결과가 형편없어. 낟알 대부분이 싹을 틔우지 못하잖아. 참새, 다람쥐, 개미가 먹어 치우고, 햇빛도 너무 강해. 겨우 다람쥐나 먹이자고 이 힘든 일을 해야 해?"

마을 사람들은 모두 모여 새로운 아이디어를 생각해 냈어.

"똑똑한 우리가 불쌍한 밀을 좀 더 도울 방법이 있어. **땅에 낟알을 그냥 뿌리지 말고, 작은 구멍을 파고 그 안에 심으면 돼.** 그러면 참새, 다람쥐, 개미가 낟알을 찾지 못할 테고, 햇볕에 뜨겁게 달구어지지도 않을 거야."

사람들이 손뼉을 치며 기뻐했어.

"그게 훨씬 효율적이겠군!"

사람들이 그 아이디어를 마음에 들어 하자 영혼 전문가도 찬성했어.

"그렇게 합시다. 우리 인간이 밀을 좀 더 관리해 줍시다. 밀 영혼도 그 아이디어를 받아들였습니다."

더 많은 낟알을 수확할 생각에 모두가 기뻐했어. 마을 사람들은 땅에 구멍을 파고 낟알을 심기 시작했어. **또한 빠르고 손쉽게 일하도록 도와주는 특별한 도구를 발명했어.** 긴 막대기 끝에 날카로운 돌을

붙여 최초의 괭이를 만들어 냈지! 그리고 괭이가 바위에 부딪혀서 부러지지 않게끔 사람들은 괭이질하기 전에 들판에서 돌을 골라냈어. **허리가 끊어질 만큼 힘든 일이었지만 고생한 보람이 있었어.** 돌을 골라내고 구멍을 파서 심은 낟알들은 벌레나 햇볕에 시달리지 않았지. 이제 마을 주변 들판에는 훨씬 많은 밀이 자랐어. 이 새로운 아이디어는 다른 마을로 퍼져 나갔고, 그곳 사람들도 따라 하기 시작했어.

도랑 파기

999년쯤 지났을 때, 몇몇 사람들이 또다시 불평을 늘어놓기 시작했어. 아마 유난히 건조한 지역에 자리 잡은 마을이었을 거야.

"문제가 심각해. 열심히 돌을 골라내고 괭이질을 하고 씨를 뿌렸지만, 여전히 많은 낟알이 싹을 틔우지 않아! 물을 충분히 먹지 못해서야. 곡식을 심어도 말라 죽는다면 힘들게 일할 이유가 없잖아."

마을 사람들은 이 문제를 해결하기 위해 궁리했어. 똑똑한 사람들은 머리털이 빠지도록 고민했고, 영혼 전문가는 자신이 아는 모든 영혼들과 이야기를 나눴지. 마침내 방법을 찾아낸 사람은 그 마을 최고의 게으름뱅이였어.

"**효율을 더 높일 수 있어. 구멍을 파고 낟알을 심은 다음에 물을 주면 돼!** 강에서 물을 길어 오는 거야."

사람들은 그 말을 듣고 좀 당황했어. 일을 더 하자는 말이었으니까! 그래도 그럴싸하게 들려서, 그들은 물을 길어서 밀밭으로 나르기 시작했어.

또다시 모두가 화를 내며 불평을 늘어놓기까지는 딱 1년 3개월밖에 걸리지 않았어. 그들은 한목소리로 외쳤지.

"하루 종일 물을 길어 나르느라 지쳤어!"

게으름뱅이가 가장 큰 소리로 외쳤어.

"내가 원한 건 이게 아니야! 너무 힘들어. 다시는 아이디어를 내지 않을래!"

영혼 전문가가 뭔가 하고 싶은 말이 있는 듯했어.

"흠……, 좋은 생각이 떠올랐어요. **도랑을 파서 물이 밭으로 저절로 흐르게 하면 돼요!** 물론 도랑을 파려면 무척 힘들겠지만, 일단 파 놓으면 다시는 물을 나르러 다닐 필요가 없어요!"

사람들은 이제 주변의 많은 것들을 통제하려고 했어. 밀에게 밭에서 자라라고 지시하고, 나무와 돌에게 길에서 비켜나라고 지시하고, 참새와 다람쥐에게 곡식에 얼씬하지 말라고 지시하고, 물에게는 밭으로 흘러가라고 지시했지. 효과가 있었어. 마을 곳곳에 훨씬 더 많은 밀이 자랐으니까. 곧 메마른 지역에 있는 다른 마을들도 부지런히 도랑을 파기 시작했어.

그런데 또 다른 문제가 있었지. 이번에는 구름이 문제였어.

구름이 문제야

마을은 몇 해 동안 좋은 시절을 보냈어. 사방에 밀이 무성하게 자랐고 사람들은 먹을 게 넉넉했지. 하지만 힘든 해도 있었어. 밀밭 마을 소녀가 채집인 무리 소녀를 만났다면 머리털이 곤두설 만큼 깜짝 놀랄 소식을 많이 들려주었을 거야.

채집인 무리 소녀가 곡식인 무리 소녀에게 인사했어.

"안녕, 나는 짹짹이라고 해. 한시도 조용히 있지 않는다고 해서 붙여진 이름이지. 너는 누구야?"

"나는 밀리야. 고조할머니 이름을 따서 지었어. 나는 이 마을에 살아."

"마을 생활은 어때?"

"별로 좋지 않아. 올해는 어느 때보다 밀이 많이 자랐어! 그런데 내가 두 달 전에 밀 줄기 하나에서 작은 갈색 반점을 발견했어."

"작은 반점 한 개라고? 별것도 아니잖아?"

"나도 그렇게 생각했지. 하지만 며칠 뒤에 더 많은 줄기에 반점이 생겨났어. 엄마 아빠한테 물어봐도 뾰족한 수가 없었어. 그분들도 어떻게 해야 할지 몰랐어. 며칠이 지나자 반점이 온통 퍼져서 밀이 거의 다 죽었지! 먹을거리가 없어서 버섯과 과일을 좀 따 가려고 여기 온 거야. 배고파 죽겠어!"

"줄기에 갈색 반점이 자주 생겨?"

"아니, 처음이야. 사실 다른 골칫거리도 많아. 3년 전에는 밀이 거의 다 익었는데, 어느 날 아침에 일어났더니 아주 이상한 소리가 들리는 거야. 그런 소리는 난생처음 들었어! 무언가가 귀가 따갑게 왱왱거렸어! 밖에 나가 보니 해가 보이지 않았어. **메뚜기 떼가 구름처럼 사방을 뒤덮고 있었지!** 소리를 지르고 손뼉을 쳐서 쫓아내려고 했지만 계속 몰려왔어. 메뚜기 떼가 밀을 거의 다 먹어 치웠지. 운수가 나쁜 해였어!"

"끔찍하네!"

"딱 한 번 일어난 일이었어. 할아버지는 20년마다 메뚜기 떼가 나타난다고 하셨어. 할아버지는 으스스한 이야기를 좋아하시니까 그 말을 그대로 믿어도 될지 모르겠어. 그런데 갈색 반점과 메뚜기 떼보다 끔찍한 일이 있어. 구름이 생기지 않는 거야. 구름이 생기지 않으면 비가 오지 않고 강물이 말라서 **밀밭으로 낸 도랑에 물이 차지 않지**. 우리가 물통을 들고 다니며 물을 줘도 모자라. 밀이 거의 자라지 않아서 먹을 게 별로 없지."

풍년이 들면 모두가 배불리 먹었지만, 병충해나 메뚜기 떼, 가뭄이 닥치면 식량이 바닥났어. 농부들은 굶주림에 시달려도 수렵채집인들처럼 다른 계곡으로 옮길 수도 없으니 정말 큰일이었지.

그래서 그들은 영혼 전문가에게 가서 물었어. 영혼 전문가는 다시 동굴로 들어갔지. 7일이 흐르고, 또 7일이 흘렀어. 그러고도 모자라 7일을 더 기다렸지. 영혼 전문가는 마침내 해답을 얻어 나왔어.

신들을 위한 집

밀리가 의기양양하게 말했어.

"해결됐어!"

짹짹이가 물었어.

"뭐가? 그때 네가 말한 갈색 반점과 메뚜기 떼와 비구름 문제?"

"맞아! 영혼 전문가 방법을 알려 줬어!"

"영혼 전문가? 식물이랑 동물과 이야기 나누는 사람 말이야? 우리도 그런 사람이 있어! 그분은 주로 고슴도치에게 말을 걸지."

"고슴도치라고? 왜 하필? **우리 영혼 전문가는 구름과 강, 밀의 영혼들과 대화해.** 우리에게 중요한 영혼들이지! 영혼 전문가는 그들을 '영혼'이라고 부르지 말라고 했어. 예의에 어긋난대. 우리는 이제 그들을 '신'이라고 불러. 그리고 영혼 전문가는 자기를 '영혼 전문가'라고 부르지도 말래. 잘못된 이름이래. 우리는 그분을 '사제'라고 불러. 그런데 자꾸 까먹어서 큰일이야."

"사제라고? 처음 들어 보는 말이야. 어쨌든 그분이 알려 준 방법이 뭐야?"

"우리가 구름 영혼, 강 영혼, 밀 영혼과……. 참, 영혼이 아니라 신들과 협상해야 한다고 말했어. 우리는 마을 한가운데에 신들을 위한 크고 멋진 집을 지어야 했지. 그 집을 '사원'이라고 불러. 우리는 늘마다 사원에 빵이나 오리 같은 선물을 바쳐야 해. 그러면 신들이 그 보답으로 갈색 반점과 메

뚜기 떼를 물리쳐 주고, 비구름을 항상 보내 강에 충분한 물이 흐르도록 비구름을 보내 줄 거랬어."

"그래서 그렇게 했어? 힘들지 않았어?"

"힘든 건 괜찮아. 우리가 두려운 건 갈색 반점과 메뚜기 떼, 그리고 가뭄이지. 그래서 **우리는 사제가 시키는 대로 아름다운 사원을 짓고 날마다 선물을 바쳤지.**"

"그래서 효과가 있어?"

"물론이지! 신들이 우리를 보호해 주셨어! 지난 3년 동안 때맞춰 비가 내렸고, 메뚜기 떼도 오지 않았어!"

"그러면 여기 숲에는 왜 왔어?"

"그게 말이지……. 갈색 반점이 돌아왔어."

"그러면 사제가 너희를 속인 거네……."

"아냐, 아냐! 그런 식으로 말하지 마! 신들이 화낼 거야. 그러면 상황이 훨씬 나빠질 수 있어! 사제가 이유를 설명해 줬어. 작년에 우리가 신들에게 선물을 충분히 바치지 않았기 때문이래. 나도 마음에 걸리는 게 있어. 모든 게 내 탓일지도 몰라! 내가 신들에게 빵을 가져가던 날에, 사원 가는 길에 끄트머리를 약간 떼어 먹었거든. 신들이 그걸 보셨나 봐. 나 때문에 모두가 벌을 받고 있는 거야! 죄책감이 들어. 그래서 먹을거리를 좀 구하려고 여기 왔지. 나 때문에 동생을 굶어 죽게 할 수는 없잖아!"

"밀리, 나라면 그런 말에 속지 않을 거야……. 너는 사제 말을 믿어?"

"당연하지! 사제는 신들이 우리를 용서할 거라고 말했어. 게다가 신들의 새로운 말씀까지 전해 줬어. 더 열심히 일하래. 정말 열심히 일하면 항상 식량을 충분히 주겠대. 또 **사제는 풍년이 드는 해에는 다른 때보다 더 열심히 일해서 밀을 더 많이 길러야 한댔어.** 그래야 흉년이 들어도 식량이 충분할 테니까."

쨱쨱이가 눈동자를 굴리며 말했어.

"더 열심히 일한다고? 대체 뭘 더 할 수 있지?"

"마을 주변에 밭을 더 많이 만들고, 물을 대는 도랑도 더 많이 파야 해. 그리고 **곡식을 저장할 큰 건물**을 지어야 하지. 그런 건물을 '곡식 창고'라고 불러. 우리는 사원 옆에 곡식 창고를 지을 계획이야. 풍년에 거두어 들인 곡식을 창고에 저장해 두면 흉년에도 굶지 않을 거야. 또 게으름뱅이들이 쓸데없이 곡식을 꺼내 먹지 못하게 창고를 잠그고 모두가 동의할 때만 열 수 있게 할 거야."

"듣기만 해도 피곤하다! 네가 잘 하고 있는 것이길 바라. 행운을 빌어, 밀리!"

마을 사람들은 사제가 시키는 대로 했고, 적어도 가끔은 효과가 있었어. 사람들은 전보다 훨씬 열심히 일해야 했지만, 흉년을 대비할 수 있었지.

한밤중에 보초 서기

   마을 사람들은 새로 지은 곡식 창고에 만족했고, 마을은 점점 커져 도시가 되었어. 하지만 이걸 어쩌지? 세월이 1000년 하고도 99년쯤 흘렀을 때, 새로운 문제가 나타났어. 곡식 창고에 곡식이 많아지자 **이웃 부족과 마을에서 곡식을 훔치러 온 거야.** 굳이 몇 달 동안 힘들게 일할 필요 없이 하룻밤에 훔치는 방법을 선택한 거지.

   곡식 창고를 가진 도시의 주민들은 사원에 모여 밤낮으로 토론했어. 이윽고 그들은 도시 둘레에 담장을 쌓자고 했어. 그리고 밤마다 두 사람씩 번갈아 가며 담장을 지키기로 했어. 이제 사람들은 낮에는 밭에서 일하고, 남는 시간에는 담장을 쌓고, 밤새 보초를 서야 했지.

   또 도시에서 가장 용감한 사람을 군대 우두머리로 뽑아서 보초들을 지휘하도록 했어. 이 우두머리는 평소에는 하는 일이 별로 없었지. 활쏘기 연습을 하며 빈둥거리거나 담장에 구멍이 났는지 살펴보고 사람들에게 구멍을 막으라고 시킬 뿐이었어. 하지만 다른 부족이 곡식을 훔치러 오면, 모두가 군대 우두머리가 있어서 다행이라고 생각했지. 그는 어떻게 대처해야 할지 알았고 용감하고 강했으니까.

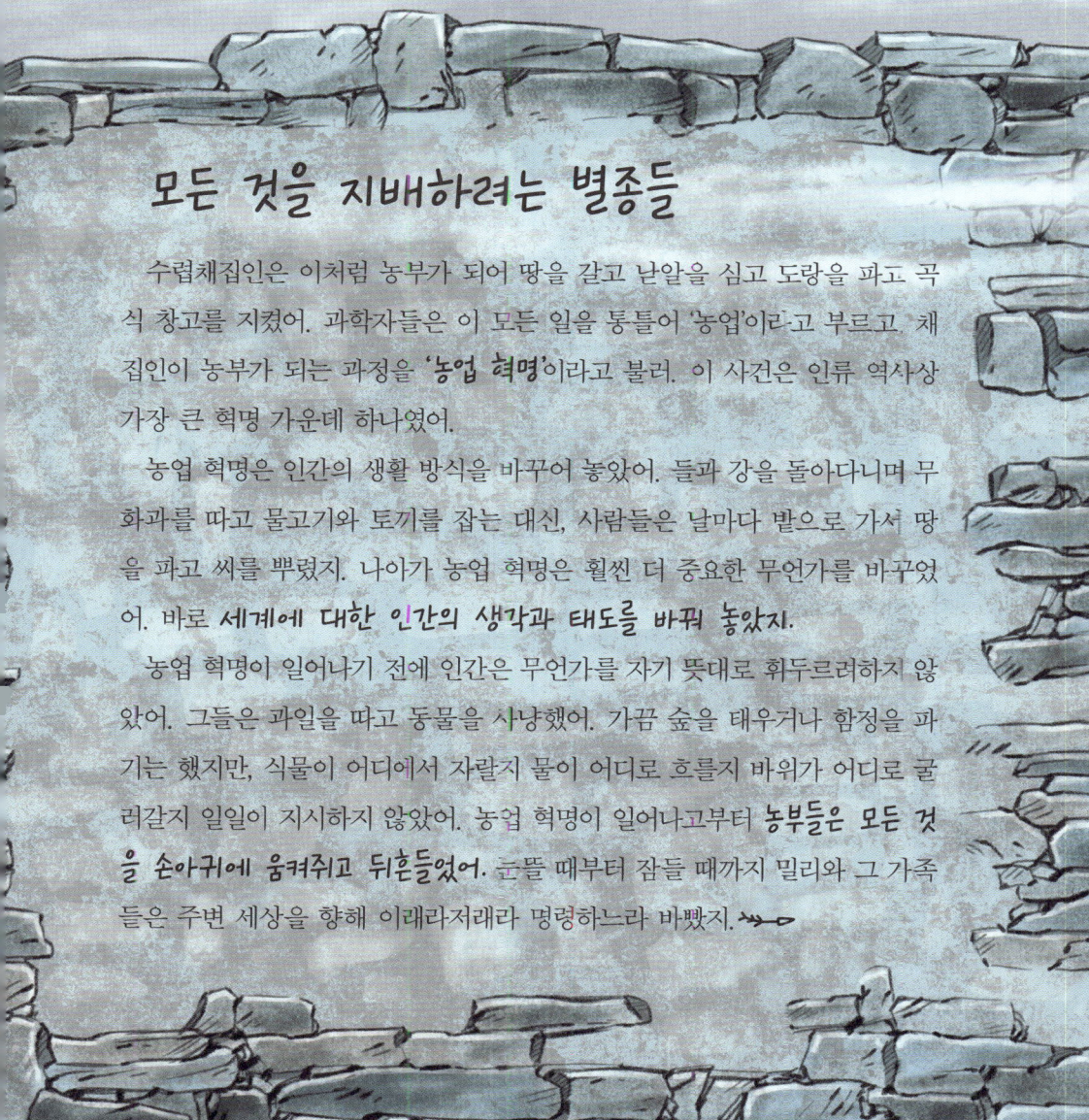

모든 것을 지배하려는 별종들

수렵채집인은 이처럼 농부가 되어 땅을 갈고 낟알을 심고 도랑을 파고 곡식 창고를 지켰어. 과학자들은 이 모든 일을 통틀어 '농업'이라고 부르고, 채집인이 농부가 되는 과정을 **농업 혁명**이라고 불러. 이 사건은 인류 역사상 가장 큰 혁명 가운데 하나였어.

농업 혁명은 인간의 생활 방식을 바꾸어 놓았어. 들과 강을 돌아다니며 무화과를 따고 물고기와 토끼를 잡는 대신, 사람들은 날마다 밭으로 가서 땅을 파고 씨를 뿌렸지. 나아가 농업 혁명은 훨씬 더 중요한 무언가를 바꾸었어. 바로 세계에 대한 인간의 생각과 태도를 바꿔 놓았지.

농업 혁명이 일어나기 전에 인간은 무언가를 자기 뜻대로 휘두르려 하지 않았어. 그들은 과일을 따고 동물을 사냥했어. 가끔 숲을 태우거나 함정을 파기는 했지만, 식물이 어디에서 자랄지 물이 어디로 흐를지 바위가 어디로 굴러갈지 일일이 지시하지 않았어. 농업 혁명이 일어나고부터 **농부들은 모든 것을 손아귀에 움켜쥐고 뒤흔들었어**. 눈뜰 때부터 잠들 때까지 밀리와 그 가족들은 주변 세상을 향해 이래라저래라 명령하느라 바빴지.

멈출 수 없는 우리

큰뿔 숫양과 음매

다른 존재를 마음대로 통제하려는 마음은 불과 비슷해. 처음에는 작게 시작하지만, 무슨 일이 벌어지고 있는지 눈치채기도 전에 커져서 사방으로 번지니까. 농업 혁명도 마찬가지였어. 처음에는 몇몇 사람들이 밀 몇 포기가 자랄 곳을 정했을 뿐이지만, 머지않아 농부들은 눈에 띄는 모든 대상을 자기 마음대로 통제하려고 했지. 농부들은 이런 생각을 했어.

'밀을 밭에서 자라게 하고 물을 도랑으로 흐르게 할 수 있다면, 양과 말과 닭들도 우리 마음대로 통제할 수 있지 않을까?'

동물은 밀이나 물보다 훨씬 다루기 어려웠어. 산과 들에 사는 양·말·닭들은 사람들의 말을 들으려 하지 않았지! 하지만 사람들은 포기하지 않았고 조금씩 동물들을 손안에 넣을 수 있었어.

1장_모든 것을 지배하다

　농장 소년 울프가 수렵채집인 소년 뽈뽈이를 만났을 때 아마 그 이야기를 들려주었을 거야. 뽈뽈이는 다람쥐처럼 열매를 따러 나무에 올라갔다가 신기한 장면을 보았어. 손에 막대기를 쥔 울프가 양 떼를 이끌고 자랑스럽게 걸어가고 있었지!
　뽈뽈이는 믿을 수가 없어서 눈을 크게 뜨며 소리쳤어.
　"어떻게 된 일이지? 저 양 떼가 정말로 너를 따라가고 있는 거야?"
　울프가 말했어.
　"물론이지. 우리 양들이니까."
　"'우리 양'이라니 그게 말이 돼? 우리도 가끔 양을 사냥하는데 녀석들은 우리를 무서워해. 그래서 우리가 얼씬도 못하게 위협하지. 솔직히 나는 양들이 조금 무서워."
　"양이 무섭다고?"
　"응. 커다란 뿔을 가진 큰 숫양이 있는데, 우리는 녀석을 '큰뿔'이라고 불러. 우리 할아버지는 그 숫양에게 세게 들이받힌 뒤로 아직도 절뚝거려. 그리고 우리 야영지 주변을 쿵쿵거리며 돌아다니는 빼빼 마른 작은 양도 있어. 녀석은 호기심이 정말 많아! 하지만 누군가가 가까이 오려고 하면 바람처럼 도망가 버려. **양을 잡기는 쉽지 않아. 늙은 양이나 다친 양이라면 모를까.** 사실 그런 양도 대체로 곰과 늑대가 우리보다 먼저 사냥하지만!"
　"우리 양 떼랑은 완전히 다르네."

"나도 봤어! 너의 놀라운 양 떼는 도대체 어디서 온 거야?"
"모든 일은 할머니 때부터 시작됐어. 그때 몇몇 사람들이 좋은 생각을 떠올렸어. 마을 근처 좁은 계곡에 울타리를 치고, 양 떼를 그곳으로 몰아넣기로 한 거야. 그런 다음에 입구 쪽을 막아서 양 떼를 계곡에 가두었어. 곰이나 늑대는 그곳에 들어갈 수 없지만, 우리는 고기가 먹고 싶을 때면 언제라도 양을 잡을 수 있지!"
"정말 똑똑하네. 하지만 불쌍한 양 떼는 벗어나고 싶을 거야. 내가 양이라면 평생 계곡에 갇혀 살고 싶지 않을 거야. 자유롭게 달리고 싶을 거야!"
"나도 처음에는 마음에 들지 않았어. 할머니가 그러는데, 힘세고 사나운 커다란 숫양이 있었대. 녀석은 계곡에 갇혀 있기 싫어서 사람이 가까이 올 때마다 큰 뿔로 들이받았어. 심지어 울타리를 거의 쓰러뜨려서 양 떼가 모두 풀려날 뻔한 일도 있었지."
"그 숫양은 양 떼의 영웅이었네!"
"하지만 배고픈 마을 사람들에게는 영웅이 아니었지. **마을 족장이 녀석을 죽였고, 사람들은 큰 잔치를 벌여 그 고기로 배를 가득 채웠대**. 그리고 그 숫양 머리뼈를 사원 벽에 걸었지. 내가 태어나기 훨씬 전에 일어난 일이지만, 사원에 갈 때마다 그 머리뼈를 볼 수 있어."
"오, 이런."
"할머니는 무척 똑똑하고 모험심이 강한 양에 대한 얘기도 들려줬어. 녀석은 틈만 나면 계곡의 가파른 비탈을 오르려고 했대. 그리고 풀을 뜯는 대신 이리저리 뛰어다녀서 양들 가운데 가장 말랐지. 할머니는 그 양을 좋아했어. 사람들은 녀석이 항상 음매 하고 운다고 해서 '음매'라고 불렀어."
"음매는 어떻게 됐어?"
"어느 날 음매가 길을 발견하고 거의 비탈 꼭대기까지 올라갔고, 다른 양 떼도 음매 뒤를 따라 올라갔어."

"그래서 양들이 모두 도망쳤어?"

"아니. 누군가가 그 모습을 발견하고 양 떼를 막았지. 마을 족장은 몹시 화가 났어. 음매가 항상 도망치려고 해서 살이 찌지 않고 풀만 낭비한다고 말했지. 부족장은 그 양을 죽였고, 마을 사람들은 조촐한 잔치를 열어 배불리 먹었어. 그리고 음매 머리뼈도 사원에 장식했지."

"오, 안 돼! 불쌍한 음매."

"나도 안타까워. 하지만 내가 태어나기 훨씬 오래전에 일어난 일이야. 지금은 양 떼를 기르기가 훨씬 쉬워졌어. 우리는 문제를 일으키지 않는 녀석들만 키우고 있거든. 가장 순한 숫양과 가장 소심한 암양을 짝짓기시켰더니 태어난 새끼들이 부모를 닮아서 훨씬 말을 잘 들었어. 그래서 지금은 가끔 양 떼를 울타리 밖에 풀어 놓기도 해."

"그러면 양들이 돌아와?"

울프는 자랑스러운 표정으로 막대기를 높이 들었어.

"꼭 그렇지는 않아. 양들은 여전히 계곡을 싫어해. 그래서 양치기인 내가 필요한 거지. 나는 아침에 양 떼를 데리고 나가서 하루 종일 풀을 뜯는 녀석들을 보호해. 그러다 저녁이 되면 계곡으로 몰고 와서 문을 잠그지. 양이 돌아오지 않으려고 하면 쫓아가서 나를 따라올 때까지 막대기로 때려."

닭 500억 마리

이렇게 해서 야생 양 떼는 가축이 되었어. 야생 양들은 처음에는 인간에게 길들지 않았지만, 인간은 가장 순한 양을 골라 키웠고, 그 양은 자기보다 더 순한 새끼를 낳았지. 몇 세대가 지나자 울프 같은 어린 소년도 혼자서 양 떼를 다룰 수 있었어.

인간은 같은 방법으로 양·소·돼지·말·당나귀·닭·오리 같은 동물도 길들일 수 있었어. 이런 일은 처음이었지. **그전에는 한 동물 종이 다른 동물 종을 길들인 경우가 없었어.** 상어는 물고기를 통제하지 않았고, 사자는 물소를 기르지 않았고, 독수리는 참새를 새장에 가두지 않았어.

양과 말 같은 가축을 다스리게 된 인간은 큰 힘을 손아귀에 넣었어. 양·소·닭은 인간에게 고기·우유·알·털실·가죽·깃털을 주었지. 황소·당나귀·말은 힘쓰는 일을 대신 해결해 주었어. 사람들은 걸어 다니는 대신 당나귀를 타고 다녔고, 말에게 손수레를 끌게 했어. 또 밭을 스스로 갈지 않고 크고 힘센 황소의 목에 멍에를 얹어 쟁기를 끌게 했지. 황소는 사람 스무 명이 일주일 동안 해내는 양보다 더 많은 일을 하루 만에 해냈어.

가축은 매우 중요했기 때문에 사람들은 가축을 보호하고 번식시키기 위해 온갖 노력을 기울였어. **가축들은 인간의 도움으로 세상에서 가장 흔한 동물 종이 되었지.** 현재 젖소는 전 세계에 약 15억 마리가 있지만, 야생 얼룩말은 50만 마리도 되지 않아. 얼룩말 한 마리당 젖소가 3000마리나 되는 셈이지!

인간은 해마다 500억 마리가 넘는 닭을 길러. 하지만 황새는 전 세계에 100만 마리도 되지 않아. 황새 한 마리당 닭이 5만 마리가 있는 셈이야. 실제로 세계 곳곳에서 길러지는 닭은 다른 모든 새를 합친 수보다 많아!

불행한 동물 대회 금메달감

동물의 성공 기준을 개체 수로 따진다면, 농업 혁명으로 가장 성공한 동물은 소, 양, 돼지, 그리고 닭이야. **하지만 개체 수가 모든 것을 말해 주지는 않아.** 만일 역사상 가장 비참한 동물 대회를 연다면 금메달, 은메달, 동메달은 소, 돼지, 닭이 나누어 가질 거야.

야생에서 닭은 20년, 소는 20년을 살 수 있어. 하지만 농장에서 닭과 소는 아주 어릴 때 죽어. 병아리는 평균 한두 달을 살고, 송아지는 세 번째 생일을 맞이하기 전에 죽임을 당해. 왜냐고? 사람들이 효율성을 원하기 때문이야. 송아지는 두 살이 되면 어른만큼 크는데, 그 뒤로도 계속 먹이를 줄 필요가 있을까? 그렇게 하면 먹이를 주고 기르는 데 쏟은 노력에 비해 사람들이 얻는 고기가 적겠지. 만일 네가 송아지라면 쑥쑥 자랄 때마다 무척 걱정될 거야. 몸집이 엄마만큼 커지면 인간이 너를 잡아먹을 테니까.

농장에서는 가축이 인간에게 쓸모가 있는 경우에만 살려 둬. 우유를 만드는 소, 알을 낳는 닭, 쟁기를 끄는 소는 몇 년 더 살려 두지. 이들 가축은 그 대가로 전혀 원하지 않는 힘겨운 삶을 살아.

야생 수소와 암소는 탁 트인 들판을 자유롭게 돌아다녀. 하지만 가축으로 길러지는 소는 목숨을 부지하고 싶으면 하루 종일 쟁기나 수레를 끌어야 해. 농부들은 소의 코를 뚫은 다음 구멍에 줄을 매어 잡아당기면서 소를 부리곤 해. 또 뿔을 자르고, 소가 반항하는 기미를 보이면 때리기도 하지. 밤에는 도망치지 못하게 작은 우리에 가둬 놔.

소는 평생 무엇인가를 끌거나 우리에 갇혀서 지내야 해. 너무 피곤해서 쟁기를 끌지 못하거나 자주 달아나려고 하면 그때는 도살장으로 보내지지.

최근에는 소가 맡아서 하던 쟁기질 같은 **일을 기계가 대신하고 있어**. 하지만 아직도 농사일에 소를 이용하는 지역에서는 여전히 이렇게 살아가는 소들이 있어.

우유의 어두운 그림자

우유에는 어두운 면이 있어. 인간은 왜 소나 양, 또는 염소 젖을 먹게 됐을까? 생각해 보면 참 이상한 일이야. 고양이는 쥐 젖을 먹지 않고, 늑대는 영양 젖을 먹지 않고, 회색곰은 말코손바닥사슴 젖으로 치즈를 만들지 않는데 말이야.

고대 인류도 수백만 년 동안 다른 동물의 젖을 먹지 않았어. 인간의 아기는 엄마 젖을 먹었고, 네댓 살이 되면 젖을 뗐지. 그러고는 두 번 다시 젖을 먹지 않았어. 만일 네가 수렵채집인 조상에게 야생 양 젖을 마시라고 권한다면, 그들은 별 희한하고 역겨운 소리를 다 들어 본다고 생각할 거야.

농업 혁명 때부터 인간은 다른 동물의 젖을 이용하기 시작했어. 양치기 소년 울프가 수렵채집인 뽈뽈이를 만나면 이렇게 설명했을 거야.

뽈뽈이는 울프가 양젖 짜는 모습을 보고 깜짝 놀라 물었어.

"지금 뭐 하는 거야?"

1장_모든 것을 지배하다

울프가 대답했지.
"아, 점심거리를 준비하고 있어. 너도 좀 먹어 볼래?"
거의 토할 것 같은 얼굴로 뿔뿔이가 소리쳤어.
"양젖을 먹어 보라고? 우욱!"
"우리 마을 사람들도 옛날에는 양젖을 마시지 않았어."
"그런데 왜 생각을 바꿨지?"
울프가 대답했어.
"할머니가 들려준 이야기인데, 내가 태어나기 전 어느 해에 갈색 반점이 생겨나서 밀이 다 죽었대. 갓난아기들에게 먹일 죽이 부족해지자 한 여자가 아기들에게 양젖을 먹이자고 제안했어. 아기들은 원래 젖을 먹으니까."
"인간의 아기는 엄마 젖을 먹지 양젖을 먹지 않아!"
"어쨌든 젖은 젖이잖아. 사람들은 아기를 살리기 위해 뭐라도 해보기로 했어."
"그래서 어떻게 됐어?"
"어떤 아기들은 양젖에 입을 대지도 않고 굶어 죽었대. 어떤 아기들은 양젖을 마시고 끔찍한 배탈이 나서 죽었지. 하지만 몇몇 아기들은 양젖을 마셔도 괜찮았고, 그런 애들은 살아남았어. 우리 엄마도 운 좋은 아기들 가운데 한 명이었지. 엄마가 어른이 되어서 나랑 여동생을 낳았을 때, 엄마는 우리에게 양젖을

자주 주셨고, 우리도 맛있게 먹었어. 엄마는 **양젖으로 갖가지 새로운 음식을 만들기도 했어. 치즈와 요구르트 같은 것들 말이야.** 나는 요구르트를 정말 좋아해!"

야생 양이 점점 가축 양으로 진화한 것처럼, 인간은 점점 유제품을 좋아하도록 진화했어. 하지만 모든 인간이 그랬던 건 아니야. 지금도 어떤 사람들은 양젖이나 소젖을 마시면 끔찍한 배탈을 일으키지. 네가 우유를 마실 때마다 배탈이 난다면, 네 조상은 아마 양치기 소년 울프가 아니라 수렵채집인 소년 뿔뿔이였을 거야.

울프 같은 양치기들이 양과 소와 염소 젖을 짜기 시작했을 때, 그들은 한 가지 문제에 부딪혔어. 동물이 젖을 만드는 이유는 오직 한 가지야. 바로 자기 새끼에게 먹이기 위해서지. 그러니 양젖을 얻으려면 어미 양이 새끼 양을 낳아야 해. 하지만 그 다음에 양치기는 새끼 양이 어미 젖을 다 먹지 못하게 막아야 했어.

해결 방법은 간단했지. 사람들은 갓 태어난 새끼 양을 대부분 잡아먹었어. 그런 다음에 어미 양의 젖을 짰지. 어미의 젖이 마르면 다시 숫양을 데려와서 암양이 새끼를 배게 했어.

현대 낙농업도 거의 똑같은 방법을 이용해. 오늘날 축산 농가에서 길러지는 양·염소·소는 늘 임신한 상태야. **사람들은 새끼가 태어나자마자 어미에게서 떼어 내고,** 대부분은 죽여서 그 고기로 스테이크와 케밥을 만들어 팔지. 그리고 어미 양의 젖을 짜서 우유 통을 채우고, 치즈와 밀크셰이크를 만들어. 일 년 내내 임신하고 젖을 생산한 어미 소는 5년쯤 지나면 완전히 기운이 빠져 버려. 축산업자는 더 이상 어미 소를 살려 둘 가치를 느끼지 못해. 그러면 어미 소도 죽여서 그 고기로 햄버거나 소시지를 만들지.

절친이 생겼어

대부분 동물이 농업 혁명 때문에 고통을 당했지만, 몇몇 동물은 운이 좋았어. 고기와 젖을 얻기 위해 기르는 양은 고단하게 살았지만, 털옷을 만들기 위해 기르는 양은 언덕과 계곡을 자유롭게 돌아다니며 살 수 있었지. 인간이 늑대로부터 보호해 주었거든. 1년에 한 번씩 양치기에게 털이 깎일 뿐, 나머지 시간은 자유롭게 보냈어. 이처럼 운 좋은 양들은 농업 혁명이 기적처럼 느껴졌을 거야.

가축이 된 말도 평생 일만 하며 살았고, 일을 못하면 잡아먹혔지. 하지만 **몇몇 말은 거의 왕족처럼 살았어.** 특히 황제가 키우는 말은 드말하면 잔소리지! 예를 들어, 로마 황제 칼리굴라는 자신의 말 잉키타투스를 너무나 사랑했어. 잉키타투스는 오직 자신만을 위해 지어진 큰 집에서 살았고, 식사를 꼬박꼬박 만들어 바치는 하인들도 있었어. 상아로 만든 여물통에 밥을 먹었고 목줄은 귀한 보석으로 장식되었으며 특별 제작된 옷을 입었지. 칼리굴라가 잉키타투스를 로마 정부에서 가장 높은 직책인 집정관으로 임명하려 했다는 소문도 있어. 하지만 칼리굴라가 살해되는 바람에 그렇게 되지는 않았지.

물론 우리 곁에는 개와 고양이도 있지. **고양이는 아마 제 발로 인간을 찾아왔을 거야.** 인간이 곡식 창고를 짓자 쥐와 참새가 곡식을 먹으러 모여들었지. 그때 고양이가 나타나 쥐와 새를 잡아먹었고, 인간은 그런 고양이가 무척 기특했어. 그래서 고양이를 내쫓지 않았고, 고양이와 친구가 되었지.

개는 훨씬 일찍 다가왔어. 인간이 식물이나 동물을 지배할 생각조차 하지 않던 수렵채집 시절이었지. 당시 그들은 아직 개가 아니라 늑대였어. 농업 혁명이 일어나기 수천 년 전, 몇몇 늑대들은 인간이 매머드 같은 거대한 동물도 사냥한다는 사실을 알아채고 인간의 뒤를 밟기 시작했지. 인간이 매머드를 사냥하면 고기를 다 가져갈 수 없어서 많이 남겼거든. 늑대 무리는 참을성 있게 기다렸다가 인간이 자리를 뜨면 배 터지도록 먹었지.

그러다 **용감한 늑대 몇 마리가 인간의 야영지까지 들어오기 시작했어.** 사람들은 불을 피워 놓고 둘러앉아 음식을 먹으며 웃고 떠들고, 귀신 이야기를 했어. 늑대들은 근처 숲에서 인간을 몰래 훔쳐보았지. 인간이 모닥불을 끄고 야영지를 다른 곳으로 옮기면, 늑대들은 코를 킁킁대며 인간이 남긴 음식 찌꺼기를 뒤졌어.

이렇게 사는 늑대들은 인간을 주의 깊게 살펴서 인간의 행동을 이해해야 했어. 인간이 배가 고프거나 신경이 예민할 때는 가까이 다가가지 않는 편이 좋지. 인간이 기분이 좋아 보이면 그때는 가까이 다가가도 돼! 어떤 늑대들은 인간을 잘 이해했고, 이런 늑대들은 더 많은 먹이를 얻었어. 그리고 시간이 갈수록 개처럼 변해 갔지. 하지만 아직은 개가 아니었어. **개와 늑대의 중간쯤이었지.**

인간은 야영지 주변을 맴도는 늑대들을 보았지만, 지나치게 행동하거나 사람을 물거나 하지 않는 한 그냥 내버려 뒀어. 개를 닮은 늑대가 꽤 도움이 된다는 사실을 깨달았거든.

예를 들어, 모두 잠든 한밤중에 커다란 검치호랑이 한 마리가 배를 채우기 위해 야영지에 다가왔을 거야. 검치호랑이는 고양잇과 동물이 그렇듯이 아주 살금살금 다녔기 때문에 누구도 녀석이 오는 소리를 듣지 못했어. 모두가 코를 골며 자고 있었지. 하지만 **개를 닮은 늑대 한 마리가 근처 숲에 있다가 위험을 느끼고 컹컹 짖기 시작했어.** 사람들은 잠에서 깨어 돌과 불붙인 막대기로 검치호랑이를 쫓아냈지. 사람들은 그 늑대에게 고마움을 느꼈어.

결국 개를 닮은 늑대 몇 마리가 숲에서 나와 모닥불 근처를 맴돌며 인간 옆에서 지내게 되었어. 이런 일이 어떻게 일어났는지 정확히는 모르지만 추측해 볼 수는 있어. 혹시 길 잃은 강아지를 발견하고 부모님에게 집에 데려가자고 조른 적 있어? 수만 년 전에도 그랬을지 몰라. 사람들 한 무리가 어미 잃은 늑대 새끼 몇 마리를 발견했을 때 동정심 많은 어떤 아이가 새끼들을 데려가자고 말했을 거야

"얼마나 귀여운지 보세요! 쟤들을 길러 주면 크고 힘센 늑대가 될 거예요. 그러면 쓸모가 있지 않을까요?"

북슬북슬한 털과 크고 슬픈 눈망울을 가진 늑대 새끼들은 정말 귀여웠고, 어른들은 아이의 말을 들어주었어. 사람들은 남은 음식을 먹여 새끼들을 키웠지. 늑대 새끼들은 밤에는 인간 옆에서 웅크리고 잤어. 추운 밤에 포근한 털뭉치가 옆에 있으면 잠이 아주 잘 왔지!

늑대 새끼들이 자라자 몇 마리는 불안해하고 위험하게 변하더니 야생 늑대가 사는 숲으로 돌아갔어. 하지만 **인간을 좋아하고 잘 따르던 몇 마리는 인간 무리에 남았지**. 그 늑대들은 위험이 닥칠 때마다 사람들에게 경고를 보내 주었고 사냥에 참여해서 토끼를 잡고 사슴을 쫓아다녔어.

몇 년 뒤에 이 늑대들이 새끼들을 낳았어. 이번에도 새끼들 가운데 거친 녀석들은 숲으로 떠나고, 사람들과 잘 지내는 녀석들만 남았어. 이렇게 다음 세대가 태어날 때마다 늑대들은 점점 더 인간과 잘 지내게 되었어. 녀석들은 좋아하는 사람이 다가오면 꼬리를 흔들었지. 사람들이 모닥불 주위에 앉아 밥을 먹으면, 녀석들은 빤히 바라보며 맛있는 걸 달라고 코를 들이밀었어. **그렇게 늑대는 개가 되었어.**

개가 오래전부터 인간의 친구가 된 이유는 개가 가진 한 가지 흥미로운 특징 때문이야. 개는 가장 영리한 동물은 아니야. 침팬지, 코끼리, 돌고래, 심지어 돼지도 개보다 훨씬 영리해. 하지만 인간의 눈치를 살피는 능력에서는 개가 최고지. 인간보다 훨씬 나을 때도 있어! 네가 슬플 때 선생님도 몰라주고, 언니나 누나는 무시할지도 몰라. 하지만 개는 네 마음을 알아줄 거야.

누가 농부가 되고 싶었겠어?

오늘날 많은 사람은 개가 좋아서 개를 키워. 그들은 개를 잡아먹거나 젖을 짜거나 쟁기를 끌게 하지 않아. 개는 특별해. 그런데 사람들은 특별한 경우 말고는 대부분 뭔가가 필요해서 다른 동물들을 길러. 사랑하는 게 아니라 지배하는 거지.

동물과 식물을 지배하면서 농부들은 전보다 훨씬 큰 힘을 갖게 되었어. 하지만 힘이 있다고 꼭 행복하거나 평화롭지는 않아. 누군가를 네 마음대로 통제하려고 시도해 본 적 있어? 예를 들어, 강아지나 동생을 말이야. 쉽지 않을 걸. 무언가를 하라고 시키던 반대로 하기 일쑤지. 1분만 내버려 둬도 무슨 짓을 저지를지 몰라! 다른 사람을 마음대로 휘두르려고 하면 대체로 양쪽 다 불행해지지. 농업 혁명 때도 그랬어

농부들은 자기가 시키는 대로 밀과 물과 양이 움직여 주기를 기대했어. 그렇게 만들기 위해 엄청난 노력을 기울였지. 그런데 어느 날 문득 자신들도 누군가가 시키는 대로 하고 있다는 사실을 깨달았어. 사람들은 점점 사제와 족장의 지배를 받았지.

당연하게도, 처음부터 농부가 되고 싶었던 사람은 별로 없었어. 도라, 찍찍이, 뿔뿔이 같은 수렵채집인은 이 새롭고 이상한 마을 사람들을 유심히 살펴보고는, 다시 숲으로 돌아가서 예전처럼 블루베리를 따고 토끼를 사냥했지! 새로운 생활 방식을 받아들일 마음이 아예 없지는 않았어. 수렵채집인도 때때로 몇 가지 식물을 재배하고 동물을 길렀지. 하지만 평생 도랑을 파고 죽을 먹으며 살기는 싫었어.

농업이 승리한 비결

서아시아 지역의 한두 집단이 밀과 양을 집중적으로 기르기 시작했어. 중국에서는 또 다른 한두 집단이 기장과 돼지를 기르기 시작했지. 인도·아메리카·뉴기니 같은 곳에서는 쌀·옥수수·감자·사탕수수·닭·라마 같은 동식물을 기르는 방법을 서서히 손에 익혔어. 그렇다고 해도 **전 세계 사람들은 대부분 동물을 사냥하고 식물을 채집하며 살아가는 쪽이 더 좋았어.**

하지만 농업 혁명은 멈추지 않고 계속되었다. 농업이 전 세계로 퍼져 나가기 위해 꼭 처음부터 모두가 농사를 지어야 할 필요는 없었어. 한 지역에 100개의 집단이 있다면, 처음에는 99개 집단이 농사를 짓지 않았을 거야. 하지만 한 집단만 농사를 짓기 시작해도 충분했지.

농부들은 열심히 일하고 동식물을 길들이면서 점점 더 많은 곡식과 고기와 우유를 생산했어. 이런 음식으로 더 많은 아이를 먹여 살렸어. 50명의 수렵채집 무리가 충분히 먹고살 음식을 구하려면 숲 하나가 통째로 필요했지. 하지만 농부들이 숲을 태워 밀밭이나 논으로 바꾸면, 같은 면적으로 100명이 사는 마을 10곳을 먹여 살릴 수 있었어.

농부들은 더 많은 숲을 태우고 더 많은 마을을 세우면서 수렵채집인을 몰아냈어. 때로는 수렵채집인이 마을을 공격했고, 한두 개 마을을 파괴하기도 했어. 하지만 시간이 갈수록 농부가 훨씬 많아졌지. 50명의 수렵채집인이 1000명의 농부를 어떻게 상대할 수 있었겠어? 수렵채집인은 농부가 되거나, 도망쳐야 했어. **이런 일이 전 세계에서 일어났고, 결국 수렵채집인은 얼**

마 남지 않았지.

농부는 세상의 새로운 지도자가 되었어. 하지만 한 가지 사소한 문제가 있었지. 농부들은 이 새로운 생활 방식이 그다지 마음에 들지 않았어. 농부들은 꿈이 있었고, 그래서 열심히 일했어. 도랑을 파고 밀 낟알을 심고 양을 길들이고 성벽을 세우면 언젠가는 완벽한 삶이 펼쳐질 줄 알았어. 그런 날이 오면 쉬엄쉬엄 인생을 즐길 거라고 믿었지. 하지만 그들의 계획은 절대로 이루어지지 않았어. 왜 그랬을까? 그건 '의도하지 않은 결과' 때문이었지.

2장

젠장, 이럴 줄 몰랐어

채집 체험!

첫째 날은 숲에서 산책하고, 나무를 오르고, 버섯을 찾고, 밤에는 강가에서 야영한다.

둘째 날은 강에서 통나무배를 타고, 물고기를 잡고, 작은 호숫가에서 갈대로 오두막을 짓는다.

셋째 날은 언덕을 오르고, 부싯돌을 줍고, 화살촉 만들기와 활쏘기를 배운다.

농사 체험!

첫째 날은 농촌에 가서 열 시간 동안 밀 낟알을 갈고 밤에는 마을로 돌아와 잔다.

둘째 날은 근처 밭에 가서 열 시간 동안 땅에 작은 구멍을 파고 밤에 마을로 돌아와 잔다.

셋째 날은 밭에 가서 열 시간 동안 도랑을 파고 마을로 돌아와 잔다.

2장_젠존. 이럴 줄 몰랐어

의도하지 않은 결과

한번 상상해 봐. 부모님이 너를 가족 여행에 데려가려고 여행 안내서를 주면서 둘 중 하나를 고르라고 했어. 하나는 수렵채집인 체험이고, 또 하나는 고대 농부가 되어 보는 농촌 체험이야.

너라면 어느 여행을 고를 거야?

생각하고 말 것도 없어. 그런데도 **우리 조상들은 숲을 자유롭게 누비며 사는 대신** 밭에서 허리가 끊어지도록 일하기 시작했어. 도대체 왜 그랬을까? 그건 그들이 미리 안내서를 받아 보지 못했기 때문이야. 이런 중요한 선택을 하면서 그들은 미래에 어떤 일이 일어날지 예상하지 못했어.

네가 꼼꼼하게 계획을 세워도 전혀 다른 결과가 나올 때가 있잖아? 예를 들어, 네가 보보라는 예쁜 토끼를 기르고 있다고 생각해 봐. 너는 토끼 우리 안에서 홀로 당근을 먹고 있는 보보가 너무 외로워 보였어. 그래서 보보에게 친구를 만들어 주기로 결심했지. 너는 엄마 아빠에게 온갖 약속을 해 가며 부탁했어. 마침내 토끼 한 마리를 더 데려와도 좋다는 허락을 받아 냈지. 대신 네가 토끼들을 잘 보살핀다는 조건이 붙었어. 여기까지는 계획이 잘 풀렸지!

너는 두 마리 토끼와 함께 행복하게 지냈고, 토끼들도 서로를 좋아하는 듯했어. 얼마 지나지 않아 보보의 친구는 몸집이 점점 커졌어. 그러더니 어느 날 아침, 귀여운 새끼 토끼 다섯 마리가 태어났지. 처음에는 그 귀엽고 작은 털뭉치들이 마음에 들었어. 이렇게 해서 토끼는 일곱 마리가 되었지!

멈출 수 없는 우리

하지만 곧 문제가 생겼어. 새끼 토끼들이 자라자 우리가 더 필요해졌지. 게다가 토끼 똥도 치워야 했고, 일주일에 한 번씩 우리도 청소해야 했어. 물론 **토끼들 먹이도 필요했지**. 엄마 아빠는 네가 시작한 일이니 네가 책임져야 한다고 말했어. 그래서 너는 일주일에 두 시간씩 토끼 우리를 청소해야 했어. 또 많은 당근을 사기 위해 돈도 벌어야 했지. 엄마 자동차를 청소하고, 이웃집 개를 산책시키고, 아랫동네 부부를 위해 식물에 물을 줬어. 이렇게 해서 토끼들을 기를 수 있었어. 하지만 처음 계획과는 전혀 달랐지! 너는 그저 가여운 보보에게 친구를 만들어 주고 싶었을 뿐인데 말이야! 언젠가 새끼 토끼가 더 많이 태어나면 어쩌지?

2장_젠장, 이럴 줄 몰랐어

어떤 일을 했는데 예상치 못한 결과가 나올 때가 있어. 이것을 '의도하지 않은 결과'라고 해. 네 토끼 계획은 성공이었어. 하지만 너는 의도하지 않은 결과 때문에 스트레스를 많이 받았지.

농업 혁명 때 우리 조상에게도 이런 일이 일어났어. 그들도 원대한 계획이 있었지. '더 열심히 일해서 더 나은 인생을 살자.' 하지만 결과는 그들 바람대로 되지 않았어. 그들은 더 열심히 일했지만 삶이 꼭 더 나아지지만은 않았지. 대신 의도하지 않은 결과가 잔뜩 생겨났어.

해골이 들려주는 이야기

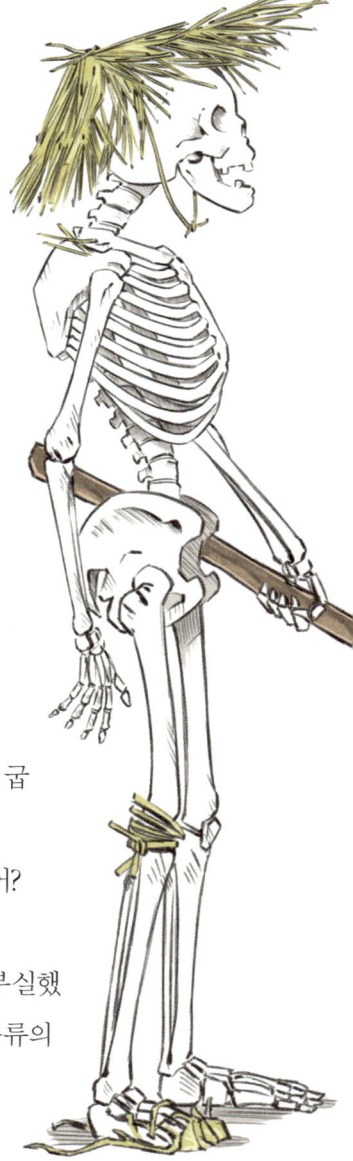

고고학자들은 옛날 사람들의 뼈를 살펴보면, 수렵채집인과 농부의 차이를 쉽게 알아볼 수 있어. 수렵채집인의 뼈는 키가 크고 이빨이 많고 굶주림과 병에 시달린 흔적도 별로 없지. 농부의 뼈는 키가 작고 이빨이 많이 빠져 있고 **굶주림과 병에 시달린 흔적**이 수두룩해. 농부의 해골은 대부분 등뼈가 뒤틀리고 무릎이 망가지고 목이 구부러진 상태야.

고고학자의 연구실에서 수렵채집인의 해골과 농부의 해골이 만난다면 어떤 이야기를 나눌지 상상해 볼까?

수렵채집인의 해골 '채집뼈'가 인사했어.

"안녕, 친구. 등뼈와 무릎이 왜 그래? 너와 네 농부 친구들은 상태가 몹시 안 좋아 보여!"

농부의 해골 '농장뼈'가 대답했어.

"**너무 열심히 일해서 그래**. 너도 하루 종일 무릎을 굽힌 채로 잡초를 뽑으면 이렇게 될걸!"

"너희 농부 해골들은 왜 그렇게 이빨이 많이 빠져 있어? 키는 또 왜 그렇게 작아?"

"말하자면 길어……. 기본적으로 우리는 먹는 게 부실했어. 너희 수렵채집인은 채집과 사냥을 하니까 온갖 종류의 음식을 먹지만……."

"견과류, 거북, 버섯, 토끼 그리고……."

"그래그래, 잘났어! 하지만 우리 농부들은 하루 종일 잡초를 뽑고 추수하고 도랑을 파고 성벽을 쌓느라 바빠서 견과류를 따거나 토끼를 사냥할 시간이 없었지. 특별한 날 양 한 가리를 잡아서 구워 먹기도 했지만, 대부분은 밀로 만든 빵과 죽에 콩이나 치즈를 곁들여 먹었을 뿐이야."

"정말 지겨웠겠네."

"당연하지. 그런데 그게 다가 아니었어! 살아 있을 때는 몰랐지만, 해골이 되고 보니 날마다 밀만 먹는 건 건강한 식사 습관이 아니었어. **밀에는 뼈를 튼튼하게 해 주는 무기질과 비타민이 들어 있지 않아**. 게다가 밀을 너무 많이 먹으면 이빨에도 좋지 않아. 그 탓에 내 이빨은 두 개만 남았지!"

"와! 수렵채집인으로 살기를 정말 잘했어! 나를 봐. 이빨이 전부 다 있잖아. 피스타치오 나무에서 떨어져 하나가 깨지기는 했지만 달이야. 그래도 열심히 일했으니 좋은 결과도 있지 않았어? 적어도 밀만큼은 산더미처럼 수확했을 거잖아."

"물론이지!"

"하지만 네 뼈를 보면 많이 굽은 것 같은데, 어떻게 된 일이야?"

"그렇게 보일 거야. 고고학자들이 쓰는 말로 표현하자면, 이게 다 '의도하지 않은 결과' 때문이야."

"왠지 무서운 말처럼 들려!"

"맞아! 계획과는 딴판이라는 뜻이지."

"그래, 정확히 어떤 일이 벌어진 거야?"

"그 이유를 찾는 데 시간이 좀 걸렸어. 하지만 내가 내린 결론은 이거야. 우리는 밀을 잘 돌보기만 하면 충분히 먹고살 줄 알았어. 그런데 그건 착각이었지."

"왜? 열심히 일하는 건 내 방식이 아니지만, 훌륭한 계획 같은데."

"그렇지? 하지만 우리가 미처 생각하지 못한 점이 몇 가지 있었어. 세상은 너무 복잡해! 우리는 우리가 똑똑하다고 생각했지만, **서너 가지 음식만 먹는 식생활이 위험하다는 사실을 당시에는 몰랐어.** 너희 수렵채집인은 언제든 먹을거리를 찾을 수 있지. 어느 해에 견과류 나무가 병들어 열매가 거의 열리지 않으면 거북을 좀 더 많이 잡으면 되잖아."

"그렇지! 그리고 거북이 잡히지 않으면 물고기를 잡으면 되니까 아무 문제 없었어!"

"하지만 우리는 달랐어. 서너 가지 동식물을 기르는 데 모든 것을 걸었기 때문이지. 그래서 **메뚜기 떼가 몰려오거나 가뭄이나 홍수가 닥치거나 가축이 병에 걸리면** 달리 먹을 게 없었어. 어느새 곡식 창고마저 텅텅 비어 사람들이 굶주렸지. 내가 어렸을 때 그런 일이 여러 번 벌어졌어. 나는 죽을 고비를 겨우 넘겼지만, 그 탓인지 키가 잘 자라지 않았어. 그래서 내가 너보다 작은 거야."

"그걸 누가 알았겠어! 그래도 밀이 다 떨어지거나 양 떼가 모두 죽으면 숲에 가서 딸기를 따고 사슴을 잡으면 되지 않았을까? 세상에는 먹을거리가 널렸잖아!"

"맞는 말이지만, 우리는 인구가 너무 많았어. 네 무리는 몇 명이었어?

"가족과 친구들을 모두 합치면 아마 30명쯤 되었을 거야."

농장뼈가 콧방귀를 뀌었어.

"겨우 30명이라고? 그 정도는 우습지. 우리 마을에는 300명이 살았어. 이웃 마을까지 합치면 1000명도 넘었을 거야!"

"이제 알겠다. 그래서 숲으로 갈 수 없었구나. 그렇게 많은 사람이 먹을 만큼 많은 딸기와 사슴은 없었을 테니까……."

밀의 아이들

 농업의 성공이 농부들 발목을 잡은 셈이었어. 농부들은 더 많은 밀을 기르기 위해 열심히 일했고 **마을도 점점 커졌어. 겉으로는 성공한 듯 보였지.** 하지만 재난이 닥쳐 재배하는 식물과 키우던 가축이 죽었을 때, 그들은 다시 채집인으로 돌아가지 못했어. 식생활도 건강하지 못했고 재난이 닥치면 손쓸 방법이 없었던 농부들이 대체 어떻게 인구를 늘릴 수 있었을까? 농장뼈의 이야기를 들으며 곰곰이 생각하던 채집뼈도 그 점이 궁금했지.

 "우리는 겨우 30명이었는데, 너희 마을은 치통과 가뭄에 시달리면서도 어떻게 300명까지 늘어났지?"

 "그 이야기도 말하자면 길어."

 "괜찮아, 말해 봐. 해골인 내가 무슨 급한 일이 있겠어."

 "그럼, 먼저 한 가지 물어볼게. 너는 자식을 몇 명이나 낳았어?"

 "넷. 하지만 한 명은 어려서 뱀에 물려 죽었지."

 "안됐네! 그런데 어째서 넷밖에 낳지 않았어? 더 낳고 싶지 않았어?"

 "더 낳는다고? 지금 농담해? **우리는 계속 옮겨 다니며 살았어. 그 많은 애들을 어떻게 데리고 다녀!** 우리 수렵채집인은 아이를 하나 더 낳으려면 먼저 태어난 아이가 혼자 걸어 다닐 때까지 기다려야 했어."

 "그랬겠네."

 "그뿐만이 아니야. 아기는 서너 살 때까지 엄마 젖을 먹는데, 엄마는 수유하는 동안에는 임신이 잘 되지 않았거든. 너희 농부들은 어땠어? 너는 아이가 몇 명이었어?"

 농장뼈가 한때 심장이 뛰던 부위에 손가락뼈를 살며시 올려놓으며 말했어.

 "우리 부부는 여덟 명을 낳았어."

놀란 채집뼈의 턱이 쩍 벌어져서 바닥에 닿을 뻔했어.

"여덟 명이나?"

"그 정도는 보통이야. 내 여동생은 열 명을 낳았어. 우리는 한 마을에서 눌러살았기 때문에 아이들을 데리고 다닐 필요가 없었지. 게다가 아기는 일찍 엄마 젖을 떼고 밀죽이나 양젖을 먹었어. 그래서 **여자들은 보통 1~2년마다 아기를 낳았지.**"

"그런데 왜 그렇게 아이를 많이 낳았어?"

"아이를 많이 낳는 게 좋다고 생각했지. 자식이 많을수록 농사일과 보초 일을 거들 일손이 많아지니까. 또 사제와 존장이 아이를 많이 낳으라고 권했어. 그들은 우리 마을이 이웃 마을보다 강해지기를 원했지."

"그 많은 아이들을 어떻게 다 먹였어?"

"농사가 풍년인 해에는 문제가 없었지. 밀이 잘 자라고 양들이 쑥쑥 클 때는 아이들을 남부럽지 않게 잘 먹일 수 있었어!"

"농사를 망치면?"

"떠올리기도 싫어. 메뚜기 떼가 나타나거나, 갈색 반점이 나타나거나, 비구름이 생기지 않거나, 양 떼가 전염병으로 죽으면 밀죽과 양젖이 모자랐어. 그러면 **많은 아이들이 죽었지.** 내 자식들도 여덟 명 가운데 네 명만 살아남아 자기네 가족을 꾸렸어."

농장뼈는 슬프게 한 마디를 덧붙였어.

"의도하지 않은 결과였지."

설사병이 마을을 휩쓸던 날

농부 자식들을 죽음으로 내몬 이유가 식량 부족만은 아니었어. 그들은 잘 몰랐지만, 엄마 젖 대신 밀죽과 양젖을 먹이면 아기 건강에 좋지 않았지.

또 **사람들이 다닥다닥 모여서 살아가는 마을은 전염병이 쉽게 퍼졌어.** 수렵채집인 무리는 규모가 작고 자주 옮겨 다녔기 때문에 한 사람이 병에 걸려도 많은 사람에게 병을 옮기지 않았지. 만일 어떤 사람이 설사병이 나서 하룻밤에 열 번이나 덤불 뒤로 뛰어가 뒷일을 보았다면, 다음 날 아침에 사람들은 서둘러 짐을 싸서 다른 곳으로 이동했어.

하지만 농부들은 비좁은 마을과 도시에서 살았고, 그때는 화장실도 하수도도 없었어. 그래서 누군가가 설사병이 나면 마을 한가운데서 뒷일을 보고는 했지. 하지만 마을 사람들은 다음 날 아침에 당장 떠날 수 없었고, 머지않아 많은 사람이 설사병에 걸렸어.

네가 배탈이 나면 부모님이 병원에 데려갈 거야. 병원에서 처방한 알약을 먹으면 금방 괜찮아지지. 하지만 옛날에는 그런 알약이 없었어. 설사병에 걸리면 음식과 물을 몸 밖으로 쏟아 내다가 때때로 목숨까지 잃었지.

문제는 설사병만이 아니었어. **새로운 병이 자꾸자꾸 나타나** 마을을 휩쓸었지. 이 모든 새로운 병은 어디서 왔을까?

가축으로부터 옮겨 왔어. 마을에는 사람들만 많은 게 아니라 양·돼지·닭들이 쓰레기와 배설물 더미에서 우글우글 모여 살았지. 병균은 한 동물에서 다른 동물로 옮겨 다녔고, 동물에서 다시 인간으로 건너왔어. 아무도 이런 일을 예상하지 못했지. 이 또한 농업의 의도하지 않은 결과였어. 고대 마을과 도시는 병균의 천국이었어! 바이러스는 많은 닭을 병들게 하고, 거의 모든 양을 죽이고, 마침내 사람에게 건너와 아이들의 절반을 죽였지.

 만일 한 농부 가족에게 수렵채집인 무리처럼 자식이 몇 명밖에 없었다면, 모든 자식이 굶어 죽거나 병들어 죽었을지도 몰라. 부모들은 만일을 대비해서 자식을 최대한 많이 낳았어. 그리고 많은 자식을 먹여 살리기 위해 더 많은 밭을 일구고 더 많은 밀을 길렀어. 일이 늘어난 만큼 일손도 더 필요했고, 부모들은 아이들을 더 많이 낳아야 했지. 이 아이들은 또 먹을 게 필요했고……. 이렇게 인구가 계속 증가했지. 어떻게 된 일인지 알겠지?

 여성은 아이를 여덟 명에서 열 명 정도 낳았을 거야. 그 아이들 가운데 절반은 어릴 때 굶주림과 병으로 죽었지만, 나머지 절반은 어른이 되어 더 많은 자식을 낳았어. 그들은 부모보다 자식을 많이 낳았지. **전염병과 굶주림에 시달리면서도 농부의 수는 점점 많아졌고**, 밭과 곡식 창고, 도구와 사원, 모자와 집도 점점 늘어났어.

전쟁이 잦아진 이유

부모님이 새로운 장난감이나 놀이기구를 가져오면 너와 네 형제자매는 서로 가지려고 다툴 거야. "내 거야!" "아냐, 내가 먼저 찜했어!" "엄마, 이번에는 내 차례라고 말해 주세요!"

가진 게 많을수록 싸울 일도 더 많아지기 마련이지. 농업 혁명 전에는 사람들에게 장난감도 놀이기구도 다른 물건도 별로 없었어. 따라서 싸울 일도 거의 없었지. 고고학자들은 **수렵채집인이 전쟁을 치른 흔적을 별로 발견하지 못했어.** 하지만 농사를 지은 지역, 곡물로 가득 찬 곡식 창고가 있던 곳에서는 전쟁의 흔적이 많이 발견됐지. 예를 들어 마을 주변을 둘러싼 성벽, 화살이 꽂힌 두개골 같은 것 말이야.

채집뼈와 농장뼈는 고고학자의 연구실에서 빈둥빈둥 기다리는 동안 아마 전쟁 이야기도 했을 거야.

채집뼈가 물었어.

"네 두개골에 박힌 그건 뭐야?"

농장뼈가 대답했지.

"화살촉이야."

"어쩌다 거기 박혔어? 사냥하다가 사고를 당한 거야? 나도 친구들과 매머드를 사냥할 때……"

"겨우 사냥 사고라니! 전쟁터에서 맞은 거라고!"

"전쟁이 뭔데?"

"이웃 부족이 우리를 죽이고 우리 양과 밭을 차지하려고 우리 마을을 쳐들어온 일을 말하는 거야."

"아, 그렇구나. 우리에게도 성질 고약한 이웃들이 몇 명 있었지. 하지만 그들이 싸움을 걸면 우리는 그냥 무시하고 돌아서면 그만이었지. 굳이 싸울 필요 없잖아?"

"참 쉽게 말하는구나! 너희는 잃을 게 거의 없었으니 그렇지! 우리에게는 집과 밭, 곡식 창고와 양 떼가 있었어. 싸워서 지켜야 할 게 많았지. 누군가 우리 마을을 차지하려고 쳐들어오면 우리는 그냥 떠나 버릴 수 없었어. 밭과 양 떼를 잃으면 굶어 죽으니까. 우린 마을을 지키며 싸워야 했어."

물론 모든 농부가 폭력적이지는 않았어. 온순한 농부들도 있었지. 하지만 **전쟁이 나면 폭력적인 농부들이 이기거나, 온순한 농부들도 싸우는 방법을 배워서 맞섰어.** 결국 온순한 농부들도 폭력적으로 바뀌었고, 시간이 흐를수록 모든 지역에서 전쟁이 자주 일어났어.

사람들 몸에 일어난 안 좋은 일들, 즉 부러진 무릎, 빠진 이빨, 전염병, 반복되는 굶주림, 머리뼈에 박힌 화살은 농업 혁명의 의도하지 않은 결과였어. 누구도 그걸 원하거나 계획하지 않았어. 사람들은 그렇게 될 줄 몰랐어.

농업 혁명의 의도하지 않은 결과는 몸만이 아니라 사람들 마음에도 영향을 끼쳤지. 농사를 지으면서 사람들은 이전과는 다르게 생각하고 느끼기 시작했어. 농부들은 마치 〈개미와 베짱이〉에 나오는 개미처럼 생각하고 느꼈지.

개미와 베짱이

〈개미와 베짱이〉 이야기 들어 봤어? 이런 이야기야.

더운 여름날, 베짱이는 즐겁게 노닐며 맛있는 잎을 푸짐하게 먹고 하루 종일 노래하고 춤추며 시간을 보냈어요. 트랄랄리 트랄라라!

그동안 개미는 부지런히 집을 짓고 음식을 저장했지. 개미는 자기 몸보다 10배나 큰 씨앗과 곡식을 날라 집 안에 차곡차곡 쌓았어요. 베짱이는 개미가 열심히 일하는 모습을 보기만 해도 피곤했지요.

베짱이가 외쳤어요.

"쉬엄쉬엄 일해, 친구! 마음을 좀 느긋하게 가지고 즐겁게 사는 게 어때?"

하지만 개미는 일을 멈추지 않았어요. 그러면서 베짱이에게 그렇게 게으름 피우다가는 후회할 날이 올 거라고 경고했지요.

겨울이 와서 모든 식물이 얼어 죽었지만, 개미는 아늑한 집에서 배불리 먹었어요. 베짱이가 문을 두드리며 음식을 달라고 사정했지만, 개미는 아무것도 주지 않았어요.

"여름에 내가 일할 때 너는 나를 비웃었어. 마지막에 누가 웃는지 보자고!"

개미는 베짱이 앞에서 문을 쾅 닫아 버렸지요.

이 이야기는 아이들이 개미처럼 앞날을 대비하면서 살아가기를 바라던 농부가 지어냈어.

만일 수렵채집인에게 <개미와 베짱이>를 들려주면 말도 안 되는 이야기라고 할 거야.

"해마다 봄이 되면 숲이 베짱이로 가득해. 겨울을 무사히 났다는 뜻이지. 안 그래? 노래하고 춤추는 게 어때서. 내일 일은 걱정하지 않아. 눈을 크게 뜨면 언제라도 맛있는 달팽이를 찾을 수 있으니까. 심지어 겨울에도."

수렵채집인은 지금 당장 일어나는 일에 집중하면서 살았어. 물론 그들도 때로는 계획을 세웠지. 친구들과 다음 보름달이 뜨는 날 밤에 함께 모여 노래하고 춤추기로 약속했고, 손자들이 볼 수 있게 동굴 벽에 들소 그림을 그렸어. 또 그들은 연어를 많이 잡아서 구워 두거나 개암나무 열매를 왕창 따서 저장해 두기도 했지.

하지만 나무 열매와 물고기를 무한정 구해서 저장할 수는 없었어. 숲의 나무나 강의 물고기를 오라가라 할 수 없었으니까. 물고기 1만 마리를 잡아서 굽고 싶어도 강물을 거슬러 헤엄쳐 올라오는 연어가 1000마리뿐이라면 어쩔 수 없었어. 그래서 수렵채집인은 많은 계획을 세울 수 없었어. 그들 앞에는 뜻하지 않은 놀라운 일들이 가득했기 때문이지.

대부분의 수렵채집인 어른들은 아이들에게 이렇게 말했을 거야.

"계획을 너무 많이 세우지 마라. 사슴을 잡겠다고 계획하고 숲에 가면, 덤불 속에 숨어 있는 벌집을 놓칠 수 있어. 벌집을 찾아서 꿀을 따겠다고 계획하고 숲에 가면, 맛있는 새알 세 개가 놓인 둥지를 그냥 지나칠지도 몰라. 또 점심으로 오믈렛을 먹기 위해 새알을 찾는 데만 집중하면, 너를 잡아먹으려고 다가오는 곰을 보지 못할 수도 있단다. 나중 일은 너무 걱정하지 말고 지금 일어나는 일에 집중해라."

그러면 **수렵채집인은 무슨 일이 일어날지 몰라 불안하지 않았을까?** 사실 그들은 꽤 느긋하게 살았어. 너를 불안하게 하는 게 무엇인지 잘 생각해 봐. 아마 지금 이 순간에 일어나는 일이 아닐 거야. 네가 불안한 이유는 주로 앞으로 일어날 어떤 일 때문이야. 예를 들어, 내일 보는 수학 시험, 다음 주에 예약한 치과 진료 같은 일이지. 당장 눈앞에 일어나는 일에만 집중한다면 별로 불안할 게 없어.

수렵채집인과 달리 **농부는 항상 다음 달과 이듬해에 일어날 일을 걱정하며 살았어.** 농부는 수렵채집인보다 훨씬 불안했지. 다른 대안이 없었기 때문이야. 그들은 먹을거리를 그날그날 찾아서 먹지 않았기 때문에 언제나 미래를 대비해야 했지.

농부는 자식들에게 이렇게 말했어.

"당장 숲에 가도 빵 나무는 없어. 빵을 먹고 싶으면 밭을 일구고 쟁기질하고 씨를 뿌리고 잡초를 뽑고 몇 달을 기다려 낟알을 거둬들여야 해. 그다음에 이삭을 떨고 키질로 검불을 날리고 갈아서 가루를 내고 반죽해서 빵을 구워야 해. 그러니 미리미리 계획을 세워야 한단다. 개미처럼 말이야!"

농부는 자식들에게 매우 중요한 능력인 '만족 미루기' 훈련을 시켰어. 우리는 당장 원하는 무언가를 하면 만족감을 느껴. 예를 들어, 달콤한 과자를 보고 곧바로 입에 넣으면 만족감을 느끼지. 이에 비해 **만족 미루기는 원하는 무언가를 하지 않고 기다린다는 뜻이야.** 맛있는 과자를 당장 입에 넣고 싶어도 한동안 참는 거지.

대다수 수렵채집인은 만족 미루기를 그다지 중요하게 생각하지 않았어. 초원을 걷다가 무화과나무를 발견했을 때 만족을 미루고 무화과를 남겨 두기로 하면 손해였지. 다음 날 다시 찾아가 보면 무화과가 남아 있지 않을 테니까. 그새 박쥐와 개코원숭이가 다 먹어 치웠을 거야. 그 시절에는 만족을 미루는 행동은 바보들이나 하는 짓이었지.

농사를 짓기 시작하면서 달라졌어. 초원을 돌아다니는 대신 밀밭을 소유하면서, 사람들에게 만족 미루기는 흔한 일이 되었지. 네가 농사를 망쳐서 곡식 창고에 곡식이 거의 다 떨어지고 배가 몹시 고프다고 상상해 봐. 그럴 때는 어떻게 해야 할까? 곡식 창고에 저장해 둔 낟알을 남김없이 다 먹으면 이듬해에 뿌릴 씨가 없겠지. 그러면 너와 네 가족은 굶어 죽을 거야. 하지만 아무리 배가 고파도 낟알을 몇 개 보관해 둔다면 이듬해에 씨를 뿌릴 수 있어. 참을성 있게 열심히 일하면 결국 먹을거리가 충분해질 거야.

농부와 수렵채집인은 생활 방식과 음식만 달랐던 게 아니라, 이처럼 생각하는 방식도 달랐어. 농부로 살아가려면 끊임없이 미래를 걱정하며 눈앞의 만족을 미뤄야 했어. 지금도 학교에서는 아이들에게 이렇게 가르치지.

너는 가끔 학교에서 배우는 과목들이 쓸데없다는 생각이 들 때가 있지? 네 인생, 친구, 취미와는 아무 관계도 없으니까. 밖에 나가 놀면 정말 좋을 텐데, 그래도 너는 자리에 앉아 수학문제를 풀어야 하지. 왜냐하면 일종의 농부가 되기 위한 훈련을 받고 있기 때문이야. 학교는 네게 만족을 미루고 열심히 일해야 한다고 가르치지. 그건 엄마 아빠가 네 앞날을 걱정하기 때문이야.

네가 수학 문제를 풀 시간에 밖에 나가서 놀면 엄마 아빠는 걱정하실 테고, 너는 시험에서 좋은 점수를 받지 못할 거야. 좋은 대학에 가지도 못하겠지. 그러면 좋은 직업을 구할 수 없고 월급도 많이 받지 못할 거야. 또 네가 나이 들었을 때 좋은 병원에 갈 수 없어. 그러니 80살에 좋은 병원에 가기 위해서는 지금 당장 자리에 앉아 수학 문제를 풀어야 해.

인간이 이렇게 만족을 미루어 가며 힘들게 일한 것이 정말 잘한 일인지는 분명하지 않아. 하지만 밀처럼 농업 혁명의 덕을 본 식물들 입장에서는 확실히 잘한 일이었지.

농업의 재앙

가뭄

홍수

병든 동물

전염병

멈출 수 없는 우리

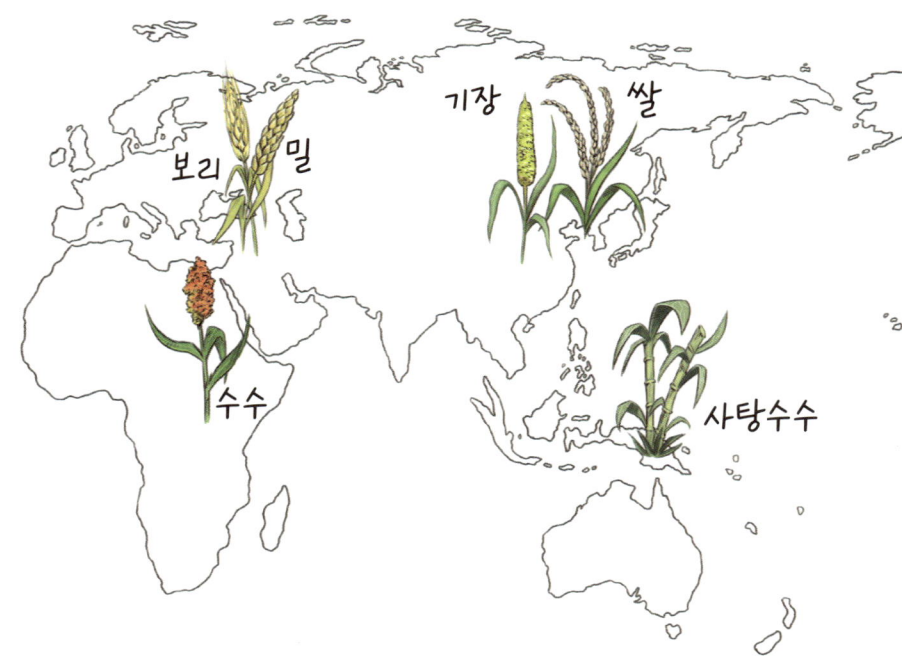

세계를 정복한 식물들

농업 혁명이 일어나기 전의 지구를 우주에서 본다고 상상해 봐. 사람들이 작은 무리를 지어 언덕과 숲을 돌아다니고, 밀과 벼 몇 포기가 이곳저곳에서 듬성듬성 자라고 있을 거야.

농업 혁명이 전 세계로 퍼져 나간 뒤의 지구를 보면, 밀과 벼가 온 땅을 뒤덮었고, **수백만 명이 아침부터 저녁까지 씨를 뿌리고 물을 주며 이들 식물을 기르고 있을 거야.**

농사를 짓기 시작했을 때 인간은 자신들이 아주 똑똑하다고 생각했고, 그래서 밀과 쌀 같은 보잘것없는 식물을 손쉽게 통제할 수 있을 줄 알았어. 하지만 인간은 스스로 생각한 것만큼 영리하지 못했던 것 같아. 결국 밀과 쌀이 인간을 통제하게 되었거든.

해바라기
옥수수
카카오
감자

왜 그렇게 되도록 내버려 뒀냐고? 인간은 그런 일이 일어나고 있다는 사실을 몰랐어. 인간이 수렵채집인에서 농부로 변하기까지는 오랜 시간이 걸렸지. 1년 만에 뚝딱 농부가 된 게 아니었어. 50년도 아니었지. 아마 5000년은 걸렸을 거야. **사람들은 그저 부모와 비슷하게 살았을 뿐이고**, 그래서 무슨 일이 일어나고 있는지 깨닫지 못했어. 100년이나 1000년마다 한 번씩 누군가가 눈앞에 닥친 문제를 해결하면서 조금씩 변해갔을 뿐이야. 예를 들어 괭이를 만들고, 도랑을 파고, 성벽을 쌓았을 때처럼 말이야. 땅에 작은 구멍을 파는 행동이 이빨에 구멍을 내고, 도시를 성벽으로 둘러싸고, 마음속을 걱정으로 가득 차우리라고는 아무도 상상하지 못했어.

행복한 결말일까

농업 혁명으로 생겨난 온갖 종류의 고난 이야기를 들려주면 요즘 사람들은 **그래도 결과적으로 더 좋아지지 않았냐고 말해**. 그건 맞아. 옛날 농부들은 예상하지 못한 많은 문제를 겪었고 걱정거리도 많았지만, 요즘 사람들은 옛날 농부들처럼 살지는 않지.

너는 아마 냉장고에 항상 먹을거리가 가득하고 에어컨이 쾌적한 온도를 유지해 주는 좋은 집에 살 거야. 반짝반짝 깨끗한 화장실에는 수돗물이 나오고 수납장에는 온갖 상비약이 가득하고 컴퓨터에는 재미있는 게임이 엄청 많겠지. 인간이 아직도 숲에서 버섯을 따고 사슴을 사냥한다면 너는 이 모든 걸 누리지 못했을 거야. 그래서 너도 옛날 사람들이 농사를 짓기 시작해서 다행이라고 생각할 거야.

그런데 네가 그렇게 생각하는 이유는 날마다 밭에 나가 일할 필요가 없기 때문이야. 다른 사람들이나 기계가 그 일을 대신하지. 네가 농촌에 산다고 해도 힘든 일은 트랙터나 자동 펌프가 할 거고 농약과 컴퓨터 같은 것들도 도움을 주지. 말하자면, **너는 옛날 농촌의 보통 농부보다는 족장과 비슷한 생활을 하고 있어.**

하지만 수천 년 전 작은 마을에 살던 밀리, 울프, 농장뼈는 어땠을까? 그들은 하루 종일 괭이질을 하고 도랑을 파고 미래를 걱정하며 살았어. 식량은 부족했고, 전염병이 돌까 봐 메뚜기 떼가 나타날까 봐 또는 다른 마을 사람들이 쳐들어올까 봐 항상 불안했지.

과연 그들이, '수천 년 뒤에 우리 후손은 배불리 먹고 에어컨이 돌아가는 큰 집에서 하루 종일 휴대폰을 가지고 놀 테니 우리가 좀 힘들어도 괜찮아' 하고 생각했을까?

2장_젠즌: 이럴 줄 몰랐어

밀리, 울프, 농장뼈와 그 친구들은 좀 더 열심히 괭이질하고 고랑을 좀 더 넓게 파면 삶이 나아질 줄 알았어. 물론 농사를 지은 덕분에 해결된 문제도 많았지만, 의도하지 않은 결과와 새로운 문제도 무수히 많이 생겼지. 농부들은 전에 없던 전염병, 메뚜기 떼, 비구름, 전쟁에 대해 걱정했어.

마을이 커져서 도시가 되고 도시들이 합쳐져 큰 왕국이 되자 **사람들은 새롭고 이상한 일들에 대해 걱정하기 시작했어**. 그건 숲에서는 일어나지 않지만 도시에서는 자주 일어나는 복잡한 일이었어. 그리고 가장 용감한 사람도 두려움에 떨게 만들 만큼 무서운 일이었어. 요즘도 어른들이 아이에게는 잘 말하지 않을 만큼 복잡하고 무서운 일이었지.

3장

어른들을 두려움에 빠뜨린 걱정거리

<u>유령</u>보다 무섭다고?

어른들이 걱정할 때 아이들이 왜 그러냐고 물으면 어른들은, "너도 크면 알게 돼" 이렇게 대답하곤 해. 너는 그런 말을 몇 번이나 들어 봤어? 아마 세상에는 아이들이 이해할 수 없는 무서운 무언가가 있나 봐.

그런데 좀 이상하지 않아? **어른들이 보고 만질 수 있다면 아이들도 보고 만질 수 있을 텐데 말이야.**

어른들의 수많은 걱정거리는 수렵채집인이 살던 옛날에는 없었어. 수렵채집인 엄마가 뭔가를 걱정할 때 아이가, "엄마, 뭘 그렇게 걱정해요?" 하고 물으면 엄마는, "너도 커 보면 알아" 하고 말하지 않았어. 수렵채집인 어른들은 걱정거리를 아이들에게도 대부분 설명해 줄 수 있었으니까. "네 동생이 아파서 그래." "폭풍이 오고 있잖아." "사자가 근처에서 으르렁대서 걱정이야."

농사를 짓기 시작하면서 삶이 복잡해졌어. 마을과 도시에 모여 살기 시작하면서, 사람들은 폭풍과 사자로부터 자신을 지킬 수 있었지만, 새로운 걱정거리가 생겼어. 아주 골치 아픈 것들이지! 예를 들어, 어른들을 두렵게 만든 걱정거리 가운데 하나는 '세금'이야.

아이들은 유령과 괴물을 무서워해. 하지만 **어른들은 세금을 무서워하지.** 네가 장난을 치고 싶어서 한밤중에 유령처럼 옷을 입고, "워!" 하고 나타나도 엄마 아빠는 그냥 깔깔 웃을 말 거야. 하지만, "엄마가 없을 때 어떤 남자가 전화를 걸어서 엄마를 바꿔 달라고 했어요. 국세청인가 하는 곳이래요" 하고 장난치려면 조심하는 게 좋아! 엄마가 정말로 겁먹을지 모르니까!

세금이 뭔데 어른들이 그렇게 두려워할까? 왜 어른들에게 예전에는 없던 두려움이 생겼을까? 이런 걱정거리는 인간이 도시와 왕국 같은 큰 집단에서

살아가면서 생겨났어. 도시와 왕국에서의 삶은 무척 복잡하거든. 사실 네가 꼭 어른이 되지 않아도 이 걱정거리들을 이해할 수 있어. 그러자면 먼저 농업이 어떻게 최초의 도시와 왕국을 만들었는지 알아야 해.

루갈-반다와 루갈-키니쉬-두두

처음 농업을 시작할 때쯤 농부들은 작은 마을에서 살았어. 어떤 마을에는 60명쯤 살았고, 또 어떤 마을에는 100명쯤 살았지. 아주 큰 마을에는 300명쯤 살았을 거야. 농부들은 더 많은 숲을 태워서 더 많은 밭을 일구고, 더 많은 양을 기르고, 더 많은 아이를 낳았어. 마을은 점점 커져 수천 명이 사는 도시가 되었지.

시간이 지나면서 도시도 점점 커졌어. 중동·인도·중국·멕시코 같은 지역에서는 수만 명이 사는 도시도 생겼지. 이런 도시에는 보통 튼튼한 성벽과 큰 사원, 그리고 왕이 사는 아름다운 궁전이 있었어. 어떤 왕은 한 도시뿐만 아니라 여러 도시와 마을을 포함하는 거대한 왕국을 다스리기도 했지.

그렇다면 누가 왕이 되었을까? 사제와 족장이었던 사람들이 더 많은 힘을 가지면서 왕이 되었어. 옛날에는 마을이나 작은 도시에서 중요한 결정을 내려야 할 때면 모두 한자리에 모여 저마다 자기 생각을 말했지. 사람들은 사

제와 족장의 말을 존중했지만, 무조건 따르지는 않았어.

하지만 큰 도시에는 너무 많은 사람이 살았기 때문에 모두가 한자리에 모여서 다른 사람들 이야기를 일일이 듣기가 어려웠어. **우루크는 세계 최초의 도시 가운데 하나였어.** 수메르 지역의 유프라테스강을 따라 세워진 도시야. 지금으로 치면 이라크 남부지. 당시 우루크에는 5만 명이나 살았어. 그러니 5만 명이 다 함께 모여서 어떤 결정을 내리기는 어려웠지.

예를 들어, 수메르 지역의 다른 도시인 라가시의 군대가 우루크에 곡식과 양을 훔치러 왔다고 생각해 봐. 우루크 사람들은 어떻게 해야 할까? 안전한 도시 안에서 성벽을 지키면서 라가시 군대가 마음대로 훔치도록 내버려 둬야 할까? 아니면 라가시 군대와 싸우러 나가야 할까? 그것도 아니면 곡식과 양을 조금 내주면서 라가시와 평화 조약을 맺어야 할까? 5만 명의 우루크 사람들이 의견을 내는 데 한 사람당 5분씩 걸린다면, 모두의 의견을 듣는 데는 25만 분, 즉 173일이 걸렸을 거야! 모든 사람이 자기 생각을 설명하고 토론을 마칠 때쯤이면 라가시 군대가 우루크의 곡식과 양을 하나도 남김없이 가져가 버렸겠지.

그래서 우루크 사람들은 어떤 중요한 결정을 내려야 할 때 모든 사람의 의견을 듣지 않았어. 대신 그들은 몇몇 현명한 사람을 지도자로 뽑았지. 이 지도자들이 작은 회의를 열어 빠르게 결정을 내렸어. 만일 지도자들 의견이 저

마다 달라서 다툼이 일어나면 어떻게 했을까? 이럴 때는 군대를 이끄는 우두머리에게 어떻게 해야 하는지 물어보고 그의 말대로 따랐어. **그 우두머리는 점점 더 많은 결정을 내리다가 마침내 왕이 되었을 거야.**

우리는 여러 우루크 왕들 이름을 알아냈어. 루갈-반다, 루갈-키샬시, 루갈-킨니쉬-두두 같은 이름들이지. 수메르 지역 이웃 도시들에도 비슷한 이름을 가진 왕들이 있었어. 예를 들어, 라가시에는 루갈-샤-엔구르가 있었고, 움마에는 루갈-자게-씨가 있었지. 왕들 이름은 왜 모두 '루갈'로 시작할까? 수메르어로 '루'는 '남자'라는 뜻이고, '갈'은 크다는 뜻이야. 그러니까 '루갈'은 '왕'이라는 뜻이지.

네페리르카레-카카이와 투탕카멘

루갈은 자신들이 세계에서 가장 큰 힘을 가진 왕이라고 생각했어. 움마 도시의 루갈-자게-씨는 자신이 전 세계를 지배한다고 자랑하기까지 했지! 그건 허튼소리였어. 전 세계 대부분 사람들은 수메르와 루갈에 대해 들어 본 적도 없었을 거야. 많은 사람들은 아직도 무리 지어 수렵채집을 하거나 작은 도시에 살면서 다 같이 모여 결정을 내렸기 때문에 루갈이 없었어.

사람들은 서로 다른 왕국에서 살았고, 저마다 다른 왕이 왕국을 다스렸지. 수메르에서 서쪽으로 1000킬로미터쯤 떨어진 곳에는 특히 **거대한 왕국 이집트가 있었어.** 이집트를 다스렸던 왕을 '파라오'라고 불렀지.

당시 파라오는 세계에서 가장 힘 있는 사람이었어. 하지만 오늘날 우리는 몇 명의 파라오밖에 알지 못하고, 대부분은 완전히 잊혔지. 네페르카소카르, 셰프세스카프, 네페리르카레-카카이 같은 파라오 이름을 들어 봤어? 못 들어 봤다고? 그 파라오들은 네가 자기 이름을 들어 본 적도 없다는 사실을 알면 무척 실망할 거야! 그들은 유명해지기 위해 정말 열심히 노력했거든.

아마 너는 또 다른 파라오인 투탕카멘은 들어 봤을 거야. 그는 겨우 여덟 살 때 파라오가 되었어. 이집트에서는 아버지가 왕이면 **아들이 나이가 어려도 대를 이어 왕이 되었어.** 그런데 투탕카멘은 오래 살지 못하고 열여덟 살에 죽었지. 우리가 투탕카멘을 기억하는 이유는 그가 큰 전쟁에서 이겼거나 거대한 피라미드를 건설했기 때문이 아니라, 고고학자들이 많은 보물과 함께 그의 미라를 발견했기 때문이야.

파라오가 죽으면 사람들은 그의 몸을 조심스럽게 말리고 썩지 않게 처리해서 미라로 만들었어. 그런 다음 파라오의 미라를 무덤에 묻고 금과 보석으로 가득 채웠지. 파라오들은 누구나 가장 크고 가장 웅장한 무덤을 갖고 싶어 했어. 그래야 자신이 죽고 나서 오랜 시간이 흘러도 사람들이 자신을 기억할 테니까. 하지만 파라오 무덤은 너무 웅장하고 엄청나게 많은 보석으로 채워져 있어서 도둑들이 이미 오래전에 훔쳐가 버렸어.

투탕카멘은 오래 살지 못했고 왕으로서 업적도 별로 없었어. 그래서 그가 죽고 난 뒤에 어떤 파라오도 원하지 않던 외딴곳의 작은 무덤에 묻혔어. 무덤 도둑들은 구석진 곳에 있던 투탕카멘의 무덤을 찾아내지 못했지. 그 덕분에 고고학자들이 투탕카멘의 무덤을 발견했을 때, 그의 미라와 모든 보물이 그대로 보존되어 있었어. **이집트에 가면 너도 투탕카멘의 미라를 볼 수 있어.** 투탕카멘은 죽은 지 수천 년이 지나 세계적으로 유명해졌지만, 셰프세스카프와 네페리르카레-카카이는 아무도 기억하지 못해. 때로는 유명해지는 데도 운이 필요한 법이야.

멈출 수 없는 우리

왜 왕국이 필요할까

이집트는 정말 큰 왕국이었어. 나일강을 따라 수십 개의 도시와 수백 개의 마을이 건설되었지. 이집트에는 적어도 100만 명이 살았어. 소·돼지·오리·악어도 많았지. 그리고 막강한 권력을 가진 파라오가 이 모두를 다스렸어.

왜 사람들은 이집트처럼 큰 왕국을 만들었을까? 왕의 지배를 받으며 사느니 마을과 도시로 나눠서 사는 쪽이 더 낫지 않았을까? **큰 왕국은 작은 마을과 도시가 할 수 없는 일들을 해낼 수 있었기 때문이야.**

예를 들어, 이집트와 파라오가 나타나기 전 나일강 주변에 있던 많은 마을과 도시를 생각해 봐. 그곳의 마을과 도시는 모두 나일강에 의지해서 살았어. 나일강은 사람, 소, 밀밭에 물을 제공해 주었지. 하지만 나일강은 시시때때로 무서운 적으로 바뀌는 예측 불가능한 친구였어. 비가 너무 많이 오면 강이 넘쳐서 밭과 집이 물에 잠기고, 사람과 동식물이 죽었지. 반대로 비가 너무 오지 않으면 강물이 충분하지 않아서 밀이 목말라 죽고, 소와 사람들이 먹을 게 없어졌지. 사람들은 나일강이 어떻게 행동할지 확실히 알 수 없어서 항상 불안했어.

3장_어른들을 두려움에 빠뜨린 걱정거리

　사람들은 둑을 쌓고 운하와 저수지를 만들어 홍수를 막고, 가뭄에 대비해 물을 저장하는 방법을 생각해 냈지. 하지만 대부분 마을과 도시가 작았기 때문에 큰 둑을 쌓고 거대한 저수지를 만들 만큼 많은 사람을 모을 수 없었어. 몇몇 족장과 사제가 모든 마을과 도시에 힘을 합치자고 제안했지만, 사람들은 서로를 충분히 믿지 못했어. 자기 마을이 도움을 받기만을 바랐고 다른 마을을 돕고 싶어 하지 않았지. 그래서 그 제안은 없었던 일이 되었고 사람들은 계속 홍수와 가뭄에 시달렸어.
　파라오가 온 마을과 도시를 하나의 왕국으로 통일하면서 상황이 뒤바뀌었어. **이제 모두가 협력할 수 있었지.** 파라오가, "거대한 성벽을 쌓아라!" 하고 명령하면 이집트 곳곳에서 사람들이 성벽을 쌓으러 왔어. 파라오가, "거대한 저수지를 만들어라!" 하고 명령하면 **모두가 모여 저수지를 팠지.** 그러자 홍수가 일어나도 마을이 파괴되지 않았어. 가뭄이 들어도 밀밭에 물을 충분히 댈 수 있었지.

악어 도시 방문을 환영합니다!

파라오 세누스레트는 대규모 공사를 시작했어. 그는 나일강과 파이윰 계곡을 연결하는 넓은 운하를 파라고 명령했어. 그 당시 **파이윰 계곡은 모기와 악어가 버글버글한 커다란 늪이었지.** 먹을거리가 없고 악어가 너무 많아서 사람이 거의 살 수 없는 곳이었어.

이집트 사람들은 땅을 파기 시작했어. 이집트 곳곳에서 모인 수만 명이 뜨거운 태양 아래 열심히 일했지. 그들은 땅을 파고 파고 또 팠어. 가끔 모기에 물리기도 했지만, 사람들은 땅을 계속 팠어. 어쩌다 한번씩 누군가 악어에게 잡아먹혀도 남은 사람들이 계속 땅을 팠지. 너무 큰 공사라서 파라오 세누스레트는 공사가 마무리되기 전에 죽었어. 그의 아들 아메넴헤트는 새 파라오가 되어 사람들에게 계속 땅을 파라고 명령했어. 그래서 이집트 사람들은 계속 운하를 팠지. 그들이 파낸 흙으로는 많은 둑과 댐을 지었어.

마침내 공사가 끝나자 나일강 강물이 파이윰 계곡으로 흘러 들어와 **거대한 인공 호수로 변했어.** 이제 강물이 넘쳐도 물을 인공호수로 흘려보냈기 때문에 마을에 홍수가 나지 않았지. 그리고 가뭄이 들어도 호수에 저장된 물을 나일강으로 돌려보내 농부들이 밭에 물을 댈 수 있었어.

파이윰 계곡은 사막으로 둘러싸인 늪이 아니라 기름진 밭과 마을로 변했어. 사람들은 그곳에 새로운 도시를 건설했어. 그 도시를 처음에는 '땅을 많이 판 곳', 나중에는 간단히 '악어 도시'라고 불렀지.

늪에 살던 악어들은 어떻게 됐을까? 몇 마리는 죽었고, 또 몇 마리는 새로운 늪을 찾아갔어. 하지만 몇 마리는 악어 도시로 자리를 옮겼어. 이집트 사람들은 악어 도시 한가운데에 새로운 악어 신 소벡을 모시는 커다란 사원을 지었지. 그리고 사원 안에 악어를 한 마리 키웠는데, 사람들은 그 악어를 보면서 소벡 신이라고 생각했어.

사원의 사제들은 날마다 악어에게 소와 돼지, 오리를 먹이로 주었어. 어느 고대 역사학자에 따르면, 사제들이 악어 앞발에 보석이 박힌 발찌를 채우고 귀에는 금귀걸이까지 걸어 주었다고 해……. 악어는 고기는 좋아했을지 몰라도 이런 장식은 싫었을 거야. 악어에게 귀걸이를 걸어 본 적 있어? 쉽지 않을 걸. 절대 시도하지 마!

누가 역사를 만들까

이집트 사람들이 둑과 운하를 건설할 수 있었던 비결은 노동자 수만 명이 힘을 합칠 수 있을 만큼 큰 왕국을 이루며 살았기 때문이야. 큰 왕국은 또 다른 중요한 일을 해냈어. 바로 큰 곡식 창고에 식량을 많이 저장했다가 필요할 때 꺼내 먹었지.

어느 해에 이집트 북부의 밀밭에 병충해가 돌아서 밀이 다 죽으면, 악어 도시에서 그곳으로 곡식을 보냈어. 또 다른 해에 메뚜기 떼가 악어 도시 주변의 밀을 모두 먹어 치우면, 이집트 남부에서 식량을 실어 왔지. 왕국 전체가 굶주려도 파라오의 큰 곡식 창고에는 모든 이집트 사람들이 적어도 1~2년 동안 먹을 식량이 저장되어 있었어.

마지막으로, **큰 왕국은 도둑과 침략자에 맞서기에도 유리했어.** 개별 마을이 침략자의 공격을 받으면, 마을을 지킬 사람이 겨우 수십 명밖에 없었어. 이웃 마을에서 도와준다고 해도 괭이와 낫을 든 농부 1000명 정도를 모을 수 있었을 뿐이지.

하지만 큰 왕국에 속한 마을이 공격을 받으면 왕국 전체가 도와주었어. 왕국은 괭이를 든 1000명의 농부가 아니라 칼과 창을 든 2만 명의 병사로 꾸려진 전문 군대를 보냈지.

큰 왕국에서 살면 이처럼 장점이 있었어. 하지만 삶은 여전히 힘들었지. 아마 농업 혁명이 일어나기 전 도라, 짹짹이, 뽈뽈이 같은 수렵채집인의 삶보다 훨씬 힘들었을 거야.

이집트 사람들은 수렵채집인이 어떻게 살았는지 기억하지 못했기 때문에 삶이 더 힘들어졌는지 몰랐어. 그들은 농업 혁명이 있었는지도 기억하지 못했지. 그들 대부분은 인간이 원래부터 농부로 살았다고 생각했어. 그래도 이집트 사람들은 농부로 사는 게 쉽지 않다는 사실은 알고 있었지.

고대 이집트는 당시 가장 힘센 왕국이었지만, 그런 힘을 갖기 위해 평범한 농부들은 고되게 일해야 했어. 네가 피라미드처럼 웅장한 건축물과 파라오 투탕카멘처럼 유명한 사람들에 관한 역사책을 읽을 때, 당시에 대부분 사람들은 파라오가 아니었다는 사실을 잊지 마. **왕국을 이루는 대다수는 매일 고되게 일했던 평범한 농부들이었어.** 그들이 생산한 식량이 왕, 군인, 사제(그리고 사원에서 기르는 악어)를 먹여 살렸지. 거의 모든 역사책이 주로 왕과 군인, 사제들에 대해서만 이야기하고, 정작 그들을 먹여 살린 중요한 농부들 이야기는 거의 하지 않아. 이건 공평하지 않아.

재산과 빚

고대 이집트 같은 큰 왕국은 장점이 많았지만, **큰 왕국을 다스리려면 골치가 아팠어.** 파라오는 수많은 사람과 물건을 관리해야 했지. 그러기 위해서는 아주 중요한 두 가지 질문에 대답할 수 있어야 했어. 바로, '누가 무엇을 소유하고 있는가?'와 '누가 무엇을 빚지고 있는가?'였지.

무엇인가를 소유한다는 것은 그 무엇인가가 네게 속한다는 뜻이야. **사람들은 집·자동차·옷·노트북 같은 온갖 종류의 물건을 소유할 수 있어.** 사람들이 소유한 물건을 '재산'이라고 해. 네가 초콜릿 과자를 소유한다면 그 초콜릿 과자는 네 재산이야. 아무도 네 허락 없이는 그 초콜릿 과자를 먹을 수 없어. 누군가가 네게 물어보지도 않고 초콜릿 과자를 가져가면 그건 도둑질이야. 고대 이집트에는 많은 재산이 있었어. 밀밭, 대추야자 과수원, 양, 당나귀, 손수레, 배, 집 그리고 궁전까지. 또 이집트 왕국에는 100만 명이나 살았어. 그렇다면 누가 무엇을 소유하고 있는지 도대체 어떻게 알았을까?

한 농부가 대추야자 과수원을 소유하고 있다고 생각해 봐. 어떤 사람이 그 과수원에 들어가 대추야자를 따 먹는다면? 대추야자가 그 사람 재산이 아니고, 따라서 그 사람이 도둑이라는 사실을 어떻게 알 수 있을까? 그것이 바로 **'누가 무엇을 소유하고 있는가?'** 라는 질문이야.

두 번째 큰 질문은 **'누가 무엇을 빚지고 있는가?'** 야. 뭔가를 빚진다는 말은 네 재산의 일부를 다른 누군가에게 줘야 한다는 뜻이야. 네가 소유한 초콜릿 과자를 부모님이 동생에게 조금 주라고 하는 경우처럼 말이지. 파라오는 왕국을 운영하기 위해 사람들에게 재산의 일부를 내놓으라고 요구했어. 사람들은 파라오에게 자신들이 기른 대추야자의 일부, 자신들이 키운 양의 일부, 자신들이 재배한 곡식의 큰 몫을 바쳐야 했어. 파라오는 그 곡식을 커다란 곡식 창고에 보관하거나 병사와 노동자를 먹이는 데 썼지. 배가 고프면 아무 일도 할 수 없을 테니까.

그래서 모든 사람들은 자신이 길러서 거둔 곡식의 많은 부분을 해마다 파라오에게 바쳐야 했어. **이것을 '세금'이라고 해.** 세금은 오늘날에도 어른들을 괴롭히지.

매머드 세금

너는 인간이 대추야자, 길밭, 양 떼를 소유하는 게 당연해 보여? 하지만 생각해 보면 매우 이상한 일이야. 어떻게 한 존재가 다른 존재를 소유할 수 있지? **벌은 꽃을 소유하지 않고, 벼룩은 개를 소유하지 않고, 치타는 얼룩말을 소유하지 않아.**

옛날 수렵채집인도 많은 것을 소유하지 않았고, 그나마 소유한 것도 다 함께 나누어 썼어. 한 수렵처집인 무리가 어떤 숲을 자기네 소유라고 주장할 수는 있겠지만, 한 사람이 숲을 통째로 소유하고 아무도 못 들어가게 한다면 모두가 어이없다고 생각했을 거야.

한 못된 사냥꾼이 매머드 무리를 가리키며 이렇게 외쳤다고 생각해 봐.

"저 매머드 무리 보이지? 모두 내 거야! 그러니까 내가 너희에게 몇 마리를 사냥하게 해 주면 너희는 내게 매머드 세금을 내야 해."

이 말을 들은 사람들은 어이가 없었을 거야. 매머드는 자기가 가고 싶은 곳으로 갈 뿐 인간의 명령을 따르지 않았으니까.

농업 혁명 이후에 사람들은 밀과 양 같은 존재를 다스리기 시작했어. 그러면서 자연스레 자기 재산이라고 생각했지. 최초의 마을과 도시에서는 사람들이 함께 모여 농사를 지었고, 따라서 생산물은 모두의 소유였지. 하지만 어떤 사람들은 자기들끼리 일하고 그렇게 얻은 생산물을 자기들끼리만 먹기로 했어.

한 가족이 밭에서 열심히 돌을 골라내고, 밀 낟알을 심고, 조심스럽게 물을 주며 정성스레 길렀을 때 그 가족은 그 밭을 자기네 재산이라고 주장했어. 아무도 그 가족의 허락 없이는 그 밭에서 곡식을 가져갈 수 없었지. 그렇게 해서 어떤 가족은 열 필의 밭을 소유한 부자가 되었고, 어떤 가족은 작은 밭 한 필만 소유하거나 아무것도 소유하지 않은 가난뱅이로 남았지.

가난으로 가는 여러 갈래 길

불평등이 생기는 원인은 다양했어. 가난한 농부들이 한자리에서 만나면, 왜 자신은 가난하고 남들은 부자인지 저마다 다른 이야기를 들려줄 거야.

한 농부가 부러운 말투로 말했어.

"내 이웃들은 정말 부자야. 그들은 밭이 열 필이나 있는데 나는 겨우 한 필밖에 없어! 사실 이웃들이 개미처럼 부지런히 움직이며 밭을 갈고 농사를 짓는 동안 나는 베짱이처럼 지냈어. 좀 태평하게 사는 편이지. 언젠가 내가 밭을 갈다가 주문을 외우면 짠하고 황금 보물이 나타날지 누가 알아! 하지만 아직 아무 일도 일어나지 않았어. 인생은 너무 불공평해. 당신은 어때?"

두 번째 농부가 자랑스럽게 말했어.

"한때는 밭 열 필을 가지고 있었어. 하지만 갈색 반점이 내 농작물을 망쳐 놨지. 내 이웃도 밭 열 필을 가지고 있지만, 그 사람은 영리했어. 다섯 필에만 밀을 심고 나머지 다섯 필에는 보리를 심었거든. 갈색 반점이 찾아왔을 때 모든 밀이 죽었지만 보리는 멀쩡했어!"

"그러면 이웃이 도와줬어?"

"우리 식구가 먹을 게 없어서 도와 달라고 했지만, 그 사람은 욕심이 너무 많았어. 내 모든 밭을 자신에게 주면 보릿가루를 좀 주겠다고 하더군. 나는 너무 잔인하게 굴지 말라고 애원했어. 그러자 이웃은, "알았네, 그만 징징거려. 아홉 필만 주고 한 필은 가지게" 하더군. 어쩌겠어? 굶어 죽게 생겼는데! 그래서 지금 그 이웃은 밭을 열아홉 필 가지고 있고, 나는 한 필밖에 없어."

세 번째 농부가 슬프게 말했어.

"두 사람은 운이 좋은 편이야! 우리 마을에서는 한때 모든 가족이 밭을 열 필씩 가지고 있었어. 우리는 부지런하고 영리하고 인심도 넉넉했어! 우리는

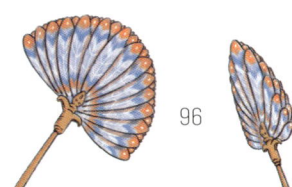

밭마다 다른 작물을 심었고, 한 가족이 힘든 일을 당하면 모두가 가서 도왔어. 하지만 산 너머 적들이 쳐들어와서 우리 마을을 차지했어. 그들은 우리 밭과 심지어 집까지 빼앗아 버렸지. 우린 빈털터리가 됐어!"

다른 두 농부가 놀라 물었어.

"그러면 어떻게 먹고살아?"

"침략자들은 그들이 빼앗은 (우리) 마을과 집에서 계속 살게 해 줬어. 그들이 차지한 밭을 돌보는 조건으로 말이야. 이 불한당들은 밭을 많이 소유하고 싶어 하지만, 밭에서 일하는 건 좋아하지 않거든."

사람도 재산이라고?

이렇듯 다양한 이유로 가난한 사람과 부자가 생겨났어. 이집트에서 최고 부자는 파라오였지. 그는 누구보다 많은 밭을 소유하고 있었지만, 밭에서 일할 필요가 없었어. 다른 사람들에게 시키기만 하면 됐지. **이집트 사람들은 자기 밭에서 기른 곡식을 파라오에게 세금으로 바쳤고,** 파라오는 그 대가로 홍수와 굶주림, 적들로부터 사람들을 지켜 주겠다고 약속했어.

만일 어떤 농부가 세금을 내지 않겠다고 하면 어떻게 될까? 파라오는 화가 나서 그 농부의 마을로 병사들을 보낼 거야. 병사들은 이번에는 사람들을 도와주러 온 게 아니지. 병사들은 창으로 농부의 대문을 두드리며 외쳤어.

"세금을 왜 안 냈어? 당장 내지 않으면……."

만일 그 농부가 가난해서 세금을 내지 못하면 병사들은 그의 소와 오리, 그리고 곡식을 눈에 띄는 대로 가져갈 거야. 그것으로도 충분하지 않을 만큼 그 농부가 많은 세금을 빚졌다면, 병사들은 농부와 그의 가족을 끌고 가서 노예로 만들 수도 있었지.

노예는 누군가의 재산이 된 사람을 말해. 노예 제도는 인간이 발명한 가장 나쁜 제도야. 인간이 누군가의 재산이 될 수 있다는 생각은 충격적이지만, 이집트 같은 왕국에 살던 농부들은 그런 생각에 익숙했어. 인간이 식물과 동물을 소유하듯이 다른 사람을 소유할 수 있다고 생각했지.

이집트 같은 왕국에서는 많은 사람이 노예로 살았어. 전쟁에서 포로로 잡힌 외국인도 있었고, 세금을 내지 못해 끌려 온 농부도 있었어. 가난한 부모에게 태어난 아이들도 노예가 되었지. 만일 부모가 모든 자식을 먹여 살릴 만큼 식량이 충분하지 않으면 **자식 가운데 한 명을 노예로 팔아** 나머지 자식들을 먹일 식량을 사야 했어. 노예는 아주 힘든 삶을 살았어. 만일 네가 옛날로 돌아가 노예를 만난다면 끔찍한 이야기를 들려줄 거야.

한 노예가 말했어.

"내가 무엇을 원하는지는 아무도 관심 없어. 내 주인은 때때로 쉬지도 먹지도 못하게 하면서 하루 종일 일을 시켜. 나는 시키는 대로 일해야 해. 어딘가 가고 싶어도 주인 허락을 받아야 해. 내가 무엇을 입을지, 어떤 머리 모양을 할지도 주인이 정해. 내가 말을 듣지 않으면 회초리로 나를 때리지."

또 다른 노예가 말했어.

"그 정도만 해도 운이 좋은 거야. 내 주인은 시키는 대로 해도 나를 때려. 그냥 재미로 때리지. 다른 노예들 말로는, 한번은 노예를 죽이기도 했대. 내 주인은 지역의 족장이야. 그러니 고작 노예 한 명 죽였다고 그렇게 중요한 사람을 처벌하겠어?"

이번에는 아주 어린 노예가 입을 열었어.

"정말 슬픈 건 우리에게 미래가 없다는 거예요. 저는 겨우 열두 살이지만 자유의 몸이 되지 못할 것 같아요. 언젠가는 결혼해서 자식을 낳고 싶지만, 주인이 허락하지 않으면 그마저도 할 수 없어요."

흰 머리를 길게 기른 여성 노예가 경고했어.

"주인이 허락해서 자식을 낳는다고 해도 그들도 노예가 될 거야. 내 친구는 자식이 하나 있었는데, 주인이 어떻게 했는지 알아? 아이가 열 살이 되자 도시에서 온 상인에게 팔아넘겼어. 친구는 그 뒤로 아이를 다시는 보지 못했어. 벌써 3년이나 지났는데도 친구는 아직도 밤마다 울지."

아무도 노예가 되고 싶어 하지 않았어. 네가 기른 길을 메뚜기 떼가 다 먹어 치워서 세금을 내지 못했다면, 너는 파라오의 병사에게 끌려갈까 봐 두려움에 떨어야 했어. 전갈이나 악어 곰이 아니라, 세금 악몽에 시달렸지.

그런데 **파라오는 누가 세금을 냈고 누가 내지 않았는지 어떻게 기억했을까?** 이집트에는 100만 명이 살았어. 그 가운데 한 명이 세금을 내지 않으면, 파라오는 그 사람이 누군지 어떻게 기억했을까? 병사들은 어떤 사람의 소나 곡식, 또는 아이들을 빼앗아야 하는지 어떻게 알았을까? 병사들은 누가 무엇을 소유하고 누가 무엇을 빚졌는지 어떻게 알 수 있었을까?

뇌가 할 수 없는 일

수백만 년 동안 사람들은 뭔가를 기억해야 할 때마다 뇌에 정보를 저장했어. 하지만 큰 왕국을 건설했을 때, 그들은 뇌로는 감당할 수 없다는 사실을 깨달았지. **뇌는 경이롭지만 한계가 있어.**

첫째, 뇌가 기억하는 정보의 양에는 한계가 있어. 사람들이 큰 왕국을 건설했을 때 그 한계에 부딪혔지. 정보가 너무 많았기 때문이야. 너는 어떤 물건이 네 것이고 어떤 물건이 동생 것인지 쉽게 기억할 수 있어. 너는 한 교실의 친구들 30명이 앉는 자리를 기억할 거야. 하지만 밀밭이 백만 필이나 되는 왕국에서는 아무도 어느 밭을 소유하는지, 그 해에 누가 세금을 냈는지 일일이 기억할 수 없어. 그렇지만 왕국은 이런 정보 없이는 제대로 돌아가지 않았지.

둘째, 누군가가 죽으면 그 사람 뇌도 함께 사라져. 그러니 모든 밀밭과 모든 세금을 기억하는 천재가 있다 해도, 천재가 죽으면 다 헛것이 되겠지?

그리고 세 번째가 가장 중요해. 수백만 년 동안 인간의 뇌는 몇 가지 종류의 정보만을 저장하는 데 맞춰져 있었어. 수렵채집인 조상들은 살아남기 위해 동물과 식물에 대해 세세한 부분까지 기억해야 했지. 가을에는 숲에서 나무 열매를 딸 수 있고, 겨울에는 크고 무서운 곰이 살고 있는 산속 동굴에는 들어가지 않는 게 최선이며, 봄에는 강 근처 덤불에서 벌집을 찾을 수 있다는 사실을 기억해야 했어.

또 수렵채집인은 같은 무리에 속한 수십 명에 대해서도 기억해야 했어! 누가 나무를 잘 오르는지, 누가 부러진 뼈를 잘 치료하는지 기억할 필요가 있었지. 만일 네가 나무에서 떨어진다면, 나무를 잘 타는 사람보다 치료사에게 도움을 구하는 편이 낫겠지. 또 누가 착하고 누가 심술궂은지도 기억해야 했어. 도움이 필요할 때면 착한 사람에게 부탁하는 편이 좋으니까!

이처럼 인간의 뇌는 수백만 년 동안 동물, 식물, 다른 인간에 대한 정보를 잘 저장하도록 진화했어. 네가 동물에 대한 흥미로운 정보를 잘 기억하고, 같은 반에서 누가 친구이고 누가 친구가 아닌지 정확히 알고 있는 이유는 그 때문이야.

하지만 왕국을 건설하기 시작했을 때 사람들은 완전히 새로운 종류의 정보를 기억해야 했어. 바로 숫자야. 너는 숫자를 좋아해? 산수를 좋아해? 좋아하는 친구들도 있지. 그런 아이들은 수의 아름다움과 질서에 매력을 느껴. 하지만 싫어하는 친구들도 많아. 그런 아이들에게는 동물 이야기를 들려주면 좋아해. 또 괴롭힘을 당하는 친구를 구하는 멋진 아이에 대한 책을 쥐여 주면 흥미를 느낄 거야. 하지만 절대 재미 삼아 수학책을 읽지는 않지.

아이들만 그런 건 아니야. 어른들도 대체로는 숫자를 몹시 싫어해. **수백만 년 동안 인간은 숫자를 다룰 필요가 없었어.** 어떤 수렵채집인도 초원의 무화과나무마다 무화과가 몇 개나 달려 있는지 기억할 필요가 없었어. 그래서 인간의 뇌는 숫자를 잘 기억하도록 맞춰져 있지 않아.

하지만 큰 왕국을 건설하기 시작하면서 사람들은 갑자기 어마어마하게 많은 숫자를 기억해야 했어. 사람들이 저마다 소유한 땅이 몇 필인지, 소를 몇 마리나 가지고 있는지, 오리는 몇 마리인지, 그리고 내야 하는 세금이 얼마인지, 이 모두를 합치면 어마어마한 수가 되었지. 누가 그걸 다 기억할 수 있겠어?

멈출 수 없는 우리

골치 아픈 수학 문제

그런데 문제는 이보다 훨씬 복잡해. **모두가 세금을 똑같이 내는 건 불공평하기 때문이야.** 어떤 사람은 밀밭을 열 필 가진 부자이지만, 어떤 사람은 한 필밖에 없어서 가난한데도 두 사람이 세금을 똑같이 내야 할까?

요즘 사람들은 대체로 부자가 세금을 더 내야 한다고 생각해. 과거에도 마찬가지였어. 하지만 얼마나 더 내야 할까? 그리고 누가 부자인지는 어떻게 알지? 작은 마을에서는 누가 부자이고 누가 가난한지 모두가 알아. 하지만 큰 왕국에서는 그것을 알기가 훨씬 어렵지. 한 외딴 마을에 '아부'와 '기다'가 살고 있다고 생각해 봐. 왕은 두 사람을 만난 적이 없고 그들의 마을에 가 본 적도 없어. 그러면 **왕은 아부와 기다가 세금을 얼마씩 내야 할지 어떻게 결정할까?**

아마 왕은 이렇게 말했을 거야.

"아부는 밀밭이 한 필밖에 없어서 가난하니까 곡식 10포대만 내면 된다. 기다는 밀밭 열 필을 가진 부자이니 100포대를 내야 한다."

하지만 기다는 불평했어.

"제가 밀밭을 열 필 가진 건 맞지만 한 필이 각각 아주 작습니다. 아부는 밀밭이 한 필이지만 그 한 필이 매우

넓습니다. 제 밭 열 필을 다 합친 것보다 큽니다. 따라서 제가 아부보다 세금을 많이 낼 수 없어요. 그건 불공평합니다!"

왕도 그 말에 고개를 끄덕였어.

"좋다. 밭의 개수를 세는 대신 실제 면적을 계산하는 게 좋겠다. 아부의 한 필은 면적이 40제곱미터이고, 기다의 열 필은 다 합쳐도 겨우 20제곱미터이다. 따라서 아부는 세금을 100포대 내고, 기다는 50포대만 내면 된다. 이번에는 내가 제대로 계산했기를 바란다. 숫자들 때문에 골치가 아프구나."

그러자 이번에는 아부가 화를 냈어.

"공평하지 않아요! 면적은 중요하지 않아요. 땅의 질이 훨씬 더 중요합니다. 제가 가진 40제곱미터는 사막 모래땅이라서 밀이 잘 자라지 않아요! 기다의 20제곱미터는 강 옆에 있는 기름진 땅이에요. 그곳은 천국과 다름없어요!"

왕은 점점 더 머리가 지끈거렸어.

"그래그래, 좋다. 알아들었다. 정말 중요한 것은 너희가 실제로 생산한 밀의 양이다. 그 절반을 세금으로 내라. 아부가 곡식을 100포대 추수하면 50포대를 내야 하고, 기다가 곡식을 200포대 추수하면 100포대를 내야 한다. 이것으로 끝! 더는 아무 말도 듣고 싶지 않구나. 한마디만 더 하면 둘 다

악어 밥으로 던져 버릴 테다!"

들고 보니 고개가 끄덕여지는 해결책이었어. 하지만 그렇게 하려면 누군가가 각 농부의 수확량이 얼마나 되는지 세어야 했어. 그리고 한 번으로 끝나는 게 아니라 해마다 되풀이해야 했지. 왜냐하면 어떤 해에는 풍년으로 아부가 100포대를 생산해서 50포대를 세금으로 냈지만, 이듬해 끔찍한 가뭄이 들면 40포대밖에 생산하지 못할지도 모르니까. 이때도 아부가 50포대를 내야 한다면 그의 가족은 노예로 팔려 가거나 굶어 죽을 거야.

그래서 해마다 누군가가 마을로 가서 왕국의 모든 농부에게 밀을 몇 포대 수확했는지 확인해야 했어. 또 송아지는 몇 마리가 태어났고, 오리 새끼가 몇 마리 부화했으며, 강에서 물고기를 몇 마리나 잡았는지도 확인해야 했지. **이걸 다 합치면 어마어마한 숫자였어!**

그래도 아직 문제의 절반밖에 해결되지 되지 않았어. 왕은 세금을 얼마나 걷어야 할지뿐만 아니라, 운하를 파는 노동자와 왕국을 침입자로부터 지키는 병사에게 임금으로 곡식을 얼마나 줄지도 정해야 했어.

한 병사가 찾아와 이렇게 말한다고 생각해 봐.

"이번 달에 곡식 포대를 받지 못했습니다. 쫄쫄 굶고 어떻게 싸웁니까?"

왕은 그 병사가 말하는 게 사실이고 따라서 곡식 포대를 줘야 하는지, 아니면 식량을 더 받기 위한 거짓말인지 알아내야 했어. 그러려면 누군가가 왕의 곡식 창고에서 나가는 곡식 포대를 일일이 세어야 했지.

그것도 엄청난 숫자였어. 이 모든 걸 누가 다 기억할 수 있을까?

왕도 기억할 수 없었어. 높은 신분을 가진 사제도 수를 세다가 놓치기 일쑤였지. 하지만 **왕국은 이 모든 숫자를 기억하지 않으면 운영될 수 없었어.**

천재의 기발한 생각

이 때문에 수렵채집인이 농부가 되고 난 후에도 큰 왕국이 세워지기까지는 오랜 시간이 걸렸고, 왕국을 잘 운영하기는 훨씬 어려웠어. 동화 속에서는 왕국을 위태롭게 하는 존재가 거인이나 마법사, 또는 불을 뿜는 용이지. 하지만 현실에서는 그 모든 숫자를 아무도 기억하지 못한다는 사실이 왕국을 훨씬 더 위태롭게 했지.

그러던 중 몇몇 천재가 마침내 방법을 찾았어.

이 천재들은 이집트 사람이 아니었어. 이집트는 최초의 거대한 왕국이었지만, 그보다 훨씬 전에 수메르 지역에는 작은 왕국들이 있었지. 고대 수메르에는 수백 개의 작은 마을과 도시가 있었어. 때때로 사람들은 여러 마을과 도시를 하나의 왕국으로 통일하려고 했어. 하지만 그 숫자들이 문제였지. 사람들은 누가 무엇을 소유하고 무엇을 빚졌는지 금방 잊어버렸어.

그러다 5만 5000년 전쯤, 수메르의 도시 우루크에서 몇몇 천재들이 숫자를 기억하는 매우 기발한 방법을 발견했어. 우루크의 천재들은 인간의 뇌가 수를 잘 처리하지 못한다는 사실을 깨달았지. 그래서 그들은 그 모든 수를 머릿속에 저장하려고 애쓰는 대신, 뇌 밖에다가 수를 저장하는 방법을 발명했어! 이 위대한 발명 덕분에 우루크와 라가시 같은 수메르 왕국과 이집트 같은 훨씬 큰 왕국이 생겨날 수 있었지.

수메르인이 뇌 바깥에 숫자를 저장한 방법이 무엇인지 이미 알아챘겠지?

맞아. 수메르인들은 수를 기록하기 위해 문자를 발명했어.

역사를 바꿔 놓은 흙장난

문자는 뇌 바깥에 정보를 저장하는 방법이야. 수메르인들은 **작은 막대기로 무른 점토(찰흙)판에 기호를 썼어.** 아마 새들이 바닷가에 남긴 발자국을 보고 아이디어를 얻었을 거야. 어쩌면 수메르 아이들이 흙장난 치면서 놀던 데서 시작됐는지도 모르지.

다음번에 진흙투성이가 되어 집에 왔을 때 부모님이 옷을 깨끗하게 입으라고 잔소리하면, 흙장난은 역사상 가장 중요한 인간의 행동 가운데 하나였다고 말씀드려.

수메르인은 처음에는 **수량을 나타내는 기호만 만들었지만, 뒤이어 사람과 동물, 도구, 장소와 날짜를 나타내는 기호도 만들었어.** 이 기호를 점토판에 적으면 어떤 사람이 염소 여섯 마리를 소유하고, 또 어떤 사람은 열 마리를 소유하고 있다는 사실을 쉽게 기억할 수 있었어. 수메르인은 어떤 사람이 올해 세금으로 100포대의 곡식을 냈고, 또 어떤 사람이 지난 3년 동안 세금을 내지 않아서 루갈-키니쉬-두두 왕에게 300포대의 곡식을 빚졌다는 사실도 기억할 수 있었지.

수메르인은 주로 수량, 사람, 염소, 곡식을 기록하기 위해 기호를 만들었어. 그렇다면 그들은 역사책, 과학소설, 시, 철학책은 어떻게 썼을까? 그런데 말이지……. 그들은 그런 분야의 책은 쓰지 않았어. **그들은 시를 쓰려고 문자를 발명한 게 아니었어.** 그들은 누가 무엇을 소유하고 누가 무엇을 빚졌는지 기억하기 위해 문자를 발명했지.

쿠심의 서명

세상에서 가장 오래된 문서가 무엇인지 알아? 옛날 사람들의 지혜가 담긴 성스러운 책을 떠올렸다면 실망이 클 거야. 우리 조상이 쓴 가장 오래된 문서에는 이런 말들이 적혀 있어.

이 점토판은 약 5000년 전에 우르크에서 작성됐는데, 이렇게 쓰여 있어. '보리 13만 5000리터, 37개월, 쿠심.' 이게 무슨 뜻일까?

쿠심이라는 사람이 37개월 동안 보리 13만 5000리터를 받았다는 사실을 확인해 주는 문서인 것 같아. 쿠심은 사람 이름일 거야. 이 예측이 맞다면 **그는 우리에게 이름을 남긴 역사상 최초의 인물이지!**

아주 오래전 우리 조상들의 이름은 모두 현대인이 지어낸 거야. 네안데르탈인은 자신을 '네안데르탈인'이라고 부르지 않았어. 우리는 그들이 스스로를 어떻게 불렀는지 몰라. 도라, 뿔뿔이, 밀리, 울프도 실제 이름이 아니라 지어낸 이름이지. 하지만 쿠심의 친구들은 고대 우루크 거리에서 쿠심을 만나면 아마, "안녕 쿠심, 어떻게 지내?" 하고 인사했을 거야.

역사상 처음으로 알려진 이름이 위대한 정복자도, 시인도, 예언자도 아니고 하루 종일 곡식을 셌던 천재의 이름이었다니 정말 흥미롭지 않아? 나아가 역사상 최초의 문서들에는 철학적인 깊은 생각, 시, 왕과 신에 대한 이야기가 담겨 있지 않았어. 그 문서들은 누가 무엇을 소유했고 세금을 얼마 냈는지 기록한 **지루한 경제 문서였어.** 그 문서들이 지루하다는 점은 사실 매우 중요해. 왜냐하면 흥미진진한 이야기는 적어 둘 필요가 없었으니까. 머릿속에 완벽하게 기억했거든. 문자는 지루한 내용을 적기 위해 발명되었어.

시인과 미용사

시간이 흐르면서 문자는 점차 더 중요해졌고, 그러자 수메르인은 재산과 세금 목록 말고 다른 내용도 적고 싶어졌어. 그래서 그들은 더 많은 기호를 만들어 냈지. 덕분에 **그들은 시와 역사와 전설을 문자로 기록할 수 있었어.**

고고학자들은 수메르인의 문자를 '설형문자'라고 불러. 설형문자 덕분에 우리는 고대 수메르 사람들이 낸 세금 목록뿐만 아니라 시도 읽을 수 있지. 우리에게 이름이 알려진 역사상 최초의 시인은 약 4250년 전 수메르에 살았던 '엔-헤두-안나'라는 여성이었어. 고고학자들은 엔-헤두-안나가 쓴 시 42편을 발견했어.

당시에 엔-헤두-안나는 유명한 시인이었고, 많은 사람이 그가 쓴 시들을 베껴 적었어. 학자들은 몇몇 성경 구절도 엔-헤두-안나의 시에서 영감을 받았다고 생각해. '복사하기와 붙이기'는 이처럼 오랜 역사를 지녔어.

또 우리는 엔-헤두-안나가 어떻게 생겼는지도 알게 됐어. 고고학자들이 안나의 모습을 담은 조각상을 발견했기 때문이지. 그 조각상에는 안나의 하인들, 심지어 미용사까지 새겨져 있었어. '일룸-팔릴리스'라는 남자였지. 그는 역사상 최초로 유명해진 미용사야.

문자가 발명되었다는 소식은 널리 퍼져 나갔고, 그 소식을 들은 다른 지역 사람들은 그 아이디어가 매우 마음에 들었어. 그래서 바빌로니아와 아시리아 사람들은 수메르 문자를 본뜬 설형문자를 사용하기 시작했어. 또 어떤 사람들은 아이디어만 빌려 와서 **자신들만의 독특한 문자를 개발했지.** 이집트에서 바로 그런 일이 일어났어.

이집트 사람들은 설형문자가 예쁘지 않다고 생각했나 봐. 아니면 자신들이 먼저 발명하지 못해서 샘이 났을 거야. 그래서 더 잘 만들어서 수메르인에게 보여 주고 싶었는지도 몰라. 아니면 그냥 새로운 기호를 가지고 노는 게 엄청 즐거웠을 수도 있지. 어떤 이유건, 이집트 사람들은 역사상 가장 아름답고 복잡한 문자 가운데 하나인 상형문자를 발명해 냈어. 그리고 이집트 사람들은 점토판에 막대기로 글자를 쓰는 대신 종이에 잉크로 썼어. **그들은 파피루스라는 식물로 종이를 만들었지. 종이를 뜻하는 '페이퍼 paper'는 '파피루스'에서 나온 말이야.**

수메르와 이집트에서 이런 일이 일어나는 동안, 수천 킬로미터 떨어진 지역의 사람들은 설형문자와 상형문자에 대해 전혀 알지 못했어. 하지만 그곳 사람들은 그들만의 문자를 발명했어. 중국에서는 약 3200년 전에, 중앙아메리카에서는 약 2900년 전에 또 다른 문자가 만들어졌지.

문자를 발명한 모든 곳에서 사람들은 시, 전설, 역사, 요리 방법을 적었어. 하지만 전 세계 사람들이 **문자로 쓴 가장 중요한 내용은 여전히 재산과 세금 목록이었지.** 그리고 이 목록은 갈수록 길어졌어. 그러자 새로운 문제가 생겼어. 필요한 정보를 어떻게 찾느냐 하는 문제였지.

정보 찾기

정보를 머릿속에 저장하면 순식간에 찾을 수 있어. 우리 뇌에는 수백만 가지 정보가 저장되어 있지만, 그럼에도 우리는 사촌들 이름을 금방 떠올리고, 그다음 순간에는 집에서 학교에 가는 방법을 설명하고, 곧이어 좋아하는 책과 영화를 나열할 수 있지. 필요한 어떤 정보라도 생각하기만 하면 짠! 하고 나타나.

하지만 점토판에 저장해 두었거나, 고대에는 파피루스, 현대에는 종이에 저장해 둔 정보는 어떻게 찾을까? 그 종이가 20장이라면, 1분 정도면 전부 훑어보고 네가 필요한 정보를 찾을 수 있어. 하지만 종이가 20만 장이라면?

네가 고대 이집트의 어느 마을에 살고 있는데, 병사들이 세금을 내지 않은 사람을 처벌하기 위해 왔다가 실수로 네 곡식을 가져갔다고 생각해 봐. 병사들이 엉뚱한 사람을 잘못 처벌했으니, 너는 억울하겠지. 이미 세금을 다 냈는데 말이야.

병사들이 물었어.

"세금을 냈다는 증거가 있어?"

너는 골똘히 생각한 다음 대답했어.

"어……, 세금 징수원이 파피루스에 내 이름을 적고 '곡식 100포대'라고 표시했어요."

"좋아. 그 종이를 우리에게 보여 주면 곡식을 다시 돌려주겠어. 그때까지 당신의 곡식 포대는 우리가 맡아 두겠다."

이제 어떻게 해야 할까? 곡식이 없으면 네 가족은 굶주림에 시달릴 거야. 그 파피루스를 꼭 찾아야 해. 너는 큰 도시까지 걸어가서 중요한 파피루스를 보관하는 문서보관소에 갔어.

문서보관서의 문을 두드렸더니 경비원이 내일 다시 오래.

"오늘은 점검이 있어서 문서보관소가 문을 닫았소."

다음 날 다시 갔지만, 이번에는 경비원이 이렇게 말하지.

"오늘은 공휴일이라오. 악어 신을 기념하려고 다들 악어 신 사원에 갔지."

셋째 날, 경비원이 너를 들여보내 줬어.

"들어오시오. 하지만 오늘은 세금 기록을 담당하는 직원이 자리를 비웠소. 악어 신의 사원에서 오리 고기를 너무 많이 먹고 배탈이 났다나."

넷째 날, 드디어 상황을 설명할 기회를 얻었어. 너는 네 이름이 적힌 서류를 보여 달라고 부탁하지. 아직 말끔히 나은 것 같지 않은 담당자가 너를 큰 방으로 안내해. 문에 '세금'이라고 적힌 큰 안내판이 붙어 있었지. 담당자가 문을 여는 순간, 너는 너무 막막해서 눈이 휘둥그레졌어. 방 안에는 바닥부터 천장까지 셀 수 없이 많은 종이가 쌓여 있었거든.

한 종이 더미 위에는 거미가 거미줄을 쳐 놓았어. 또 다른 종이 더미 밑에는 쥐 일가족이 집을 짓고 배설물을 덕지덕지 발라 놓았지. 그때 너는 세 번째 종이 더미를 벌레가

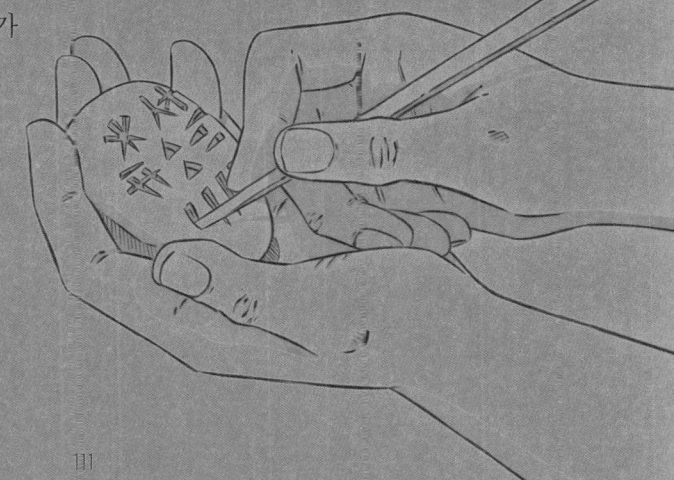

갉아먹고 있는 모습을 봤어. 그 벌레가 네 이름을 갉아먹고 있을지도 몰라! 벌레가 다 파먹기 전에 이름이 적힌 서류를 찾아야 할 텐데, 어떻게 찾지?

정보를 적어 놓는다고 끝이 아니야. 정보를 빠르게 찾는 방법도 있어야 해. 그러기 위해서는 문서보관소와 도서관을 만들고, 일람표를 작성하고, 담당자에게 서류를 정리하는 방법과 필요한 정보를 찾는 방법을 가르쳐야 해.

인터넷을 생각해 봐. 인터넷에는 정보가 흘러넘치지. 예를 들어, 상형문자와 관련된 정보만 해도 수백만 개의 웹 페이지, 이미지, 기사가 있어. 하지만 **구글 같은 검색 엔진이 없으면 그 모든 정보는 아무짝에도 쓸모없어.** 검색 엔진은 정보를 만들지는 않지만, 키보드만 누르면 정보를 찾아 주지.

구글 검색창에 '상형문자'라고 입력하고 엔터키를 누르면 1초 안에 수백만 개의 결과가 관련성이 높은 순서대로 컴퓨터 화면에 떠. 너는 백과사전 항목, 상형문자로 적힌 고대 문서의 사진, 그리고 상형문자를 쓰는 방법을 가르쳐 주는 동영상까지 찾아볼 수 있어.

검색 엔진이 없다고 생각해 봐. 그래도 인터넷 서핑을 할 수는 있어. 네가 방문하고 싶은 웹 사이트 주소를 안다면 주소창에 그 주소를 입력하면 돼. 이번에도 1초 안에 그 웹 사이트로 갈 수 있지. 하지만 웹 사이트 주소를 모르면 아무 주소나 입력하고, 그중 하나에 상형문자에 대한 정보가 담겨 있기를 바라는 수밖에 없어. 효율이 매우 떨어지지. **종이로 가득한 방에 들어가서 되는 대로 서류를 꺼내 보며 네 세금 기록을 찾는 것과 같아.**

고대 수메르, 이집트, 중국의 천재들이 문자를 발명해서 역사를 바꾸었다면, 정보를 효율적으로 저장하고 검색하는 방법을 발명한 일로는 역사를 훨씬 더 크게 바꾸었어. 이 방법을 '관료제'라고 불러.

왕의 사무용 책상

어른들은 세금과 마찬가지로 관료제를 무서워해. 어른들은 관료 한 명과 함께 한 시간을 보내느니 차라리 유령 셋에다 괴물 둘과 하루를 보내는 쪽을 선택할 거야. '관료제'라는 말은 '사무용 책상'에서 왔어. 그러니까 관료제는 '사무용 책상으로 사람들을 관리한다'는 뜻이야.

서랍이 많이 달린 책상 앞에 누군가가 앉아 있다고 상상해 봐. 그 사람은 한 서랍에서 어떤 서류를 꺼내고, 두 번째 서랍에서 다른 서류를 꺼내지. 그는 두 서류를 꼼꼼하게 읽은 다음 새로운 서류를 작성해서 세 번째 서랍에 넣어. 이것이 관료가 하는 일이야. **문자를 읽고 쓰는 법은 다들 배울 수 있지만, 어느 서류가 어느 서랍에 들어가는지까지 아는 사람은 관료뿐이야.** 이것이 남들이 전혀 갖지 못한 그들만의 힘이야. 관료는 문서를 찾을 수도, 또 문서를 사라지게 할 수도 있어. 이것이 바로 관료가 사람들을 쥐락펴락하는 방법이야.

관료제는 마법과 비슷해. 동화를 보면 마법사가 주문을 외워서 마을을 생기게도 하고 사라지게도 하지. 관료는 종이를 이리저리 옮겨서 마을을 생기게도 하고 사라지게도 할 수 있어. 한 관료가 못된 마음을 먹고 한 마을의 세금 기록이 적힌 종이를 엉뚱한 서랍에 넣기만 해도 그 마을 사람들은 굶어 죽을 수 있어. 착한 관료는 사라진 서류를 찾거나 왕의 세금 목록에서 그 마을을 지워서 마을 사람들을 구할 수 있지. 펜을 한번 굴리는 것만으로 100명을 구할 수 있어.

우리는 보통 힘 있는 사람이 총과 칼로 다른 사람을 지배한다고 생각해. 총과 칼을 쥔 전사들이 왕국을 정복하는 데 도움이 되는 건 사실이야. 하지만 왕국을 다스리려면 책상 앞에 앉아서 서류를 움직이는 관료가 필요해.

학교에서 시험을 보는 이유

역사적으로 중요한 사건들은 대부분 관료의 손에서 계획되었어. 고대 이집트에서 둑을 쌓아서 홍수를 막고, 저수지를 파서 가뭄에 대비하고, 곡식을 운반해서 굶주림을 막도록 계획한 사람들은 관료였어. **지금도 많은 일들이 관료의 손에서 계획되지.** 그들이 없으면 도로와 공항, 병원을 건설할 수 없을 거야. 심지어 네가 다니는 학교에도 관료의 손길이 닿아 있지. 관료는 어느 아이가 어떤 학교에 갈지, 어느 선생님이 어떤 반을 가르칠지 결정해. 또 매월 마지막 날에 선생님에게 월급을 주지. 왜 네가 시험을 봐야 하는지 궁금하지 않아? 그것도 관료가 그렇게 말했기 때문이야.

관료는 네 시험 답안지를 읽지는 않아. 그건 선생님의 일이야. 그런데 선생님은 시험을 치른 후 너에게 성적표를 줄 거야. 그리고 학년말에 또 다른 성적표를 주지. 이 점수는 숫자야. 선생님은 이 숫자를 관료에게 보내. 그러면 관료가 그 숫자를 서랍에 정리해 두었다가, 너에 대한 온갖 종류의 일을 결정하는 데 사용하지.

이듬해에 네가 수학 영재반이나 음악 학교에 가고 싶어졌다고 생각해 봐. 네가 음악 학교에 갈 수 있는지 없는지를 누가 결정할까? 어떤 관료가 서랍에서 꺼낸 너에 관한 숫자를 바탕으로 합격 또는 불합격을 결정할 거야. 너는 아직 모르겠지만, **네 미래는 관료들과 그들이 서랍에 보관해 둔 종이에 달려 있는 경우가 많아.**

이처럼 관료는 엄청난 힘을 지녔어. 아마 마술사와 마법사에 가장 가까운 사람일 거야. 그럼, 관료가 되려면 어떻게 해야 할까?

학교의 탄생

고대 수메르와 이집트에서 관료가 되려면 읽는 법, 쓰는 법, 계산하는 법, 문서 찾는 법을 배워야 했어. 그걸 배우기 위해서는 학교에 가야 했지. 수메르와 이집트에서는 역사상 최초로 학교가 만들어졌어.

고고학자들은 학교를 싫어했던 고대 이집트 소년 페피에 대한 문서를 발견했어. 페피는 부잣집 아들이었고, 고대 이집트에서는 **부잣집 아이만 학교에 다녔지.** 하지만 페피는 자신이 운이 좋은지도 모르고 학교가 끔찍하게 지루하다고 생각했어. 그래서 아버지 케티는 아들 페피에게 힘이 되는 얘기를 해 주었지.

오늘날 고고학자들은 케티가 한 말을 정확히 해석해 냈어. 케티는 인생에는 지루한 것보다 더 나쁜 상황이 있다는 사실을 페피가 깨닫기를 바랐어. 그래서 페피에게 보통의 농부가 어떻게 사는지 말해 주었지.

"농부는 끊임없이 밭을 걱정한단다. 농부는 하루 종일 강에서 물을 실어

날라. 무거운 물 양동이를 지고 다니면 어깨가 굽고 목이 욱신거리지. 아침에는 채소밭, 오후에는 과일나무, 저녁에는 고수밭에 물을 줘야 해."

케티는 밭을 소유하지 못한 사람들은 훨씬 힘들게 산다고 설명했어.

"자기 밭이 없으면 남의 밭에서 일해야 해. 머슴살이는 고생스럽지. 누더기를 걸치고 몸에서는 나쁜 냄새가 나고 손가락에 물집이 잡힐 때까지 하루 종일 일해야 해. 그것도 모자라 파라오의 병사들이 그 불쌍한 농부를 데려가 도랑을 파고 둑을 쌓게 하지. 농부가 받는 보상은 뭘까? 곧 병들어 죽는 거야!"

페피는 아버지의 말뜻을 알아듣고 학교에 갔어. **힘들게 일하는 것보다 지루한 게 나으니까.** 다른 사람들이 할 일을 종이에 기록하는 게 그 일을 직접 하는 것보다 편해. 펜대 굴리기가 도랑 파기보다 쉽지.

뼈는 거짓말 안 해

고대 이집트에서 대부분 아이들은 페피 같은 선택을 할 수 없었어. 고고학자들은 이집트의 아마르나 지역에서 **100구가 넘는 유골이 묻힌 공동묘지를** 발견했지. 거기 묻힌 사람의 절반이 나이가 일곱 살에서 열다섯 살 사이였고, 많은 유골의 등뼈와 무릎과 손이 망가져 있었어. 그들은 어린 나이에도 건설 노동자로 일했던 것 같아. 아마 파라오 아케나텐의 노예였을 거야.

아케나텐은 아마르나 지역에 새로운 수도를 건설하려고 했어. 텅 빈 사막에 도시가 솟아오르는 모습을 하루빨리 보고 싶어 견딜 수가 없었지. 아마르나 관료들은 이집트 모든 지역에 편지를 보내서 수많은 노동자를 아마르나로 불러들였어. 그리고 빨리 일하라고 다그쳤지. 노동자들은 **몇 킬로미터 떨어진 곳에서 큰 돌을 캐서 끌고 와 집과 궁전과 사원을 지었어.** 파리와 전갈이 득실거리는 사막의 땡볕 아래서 제대로 먹지도 못하고 일했지.

노동자들 중에는 아이들도 많았어. 수많은 아이들이 가족과 헤어져서 다시는 부모님을 보지 못했어. 이 아이들이 죽으면 관료는 그저 더 많은 노동자를 불러 모았을 뿐이지. 아이들이 죽었다는 소식을 부모에게 알리지도 않았을 거야.

아케나텐 관료들은 나쁜 짓을 많이 했지만, 당연히 그 사실을 인정하지 않았어. 사람들은 자신이 좋은 사람이라고 생각하고 싶어 해. 그래서 새로운 도시의 궁전과 사원은 아름다운 그림으로 장식되었어. 그 그림들을 보면 곡식 창고에 곡식이 그득하고, 탁자 위에는 음식이 흘러넘치고, 음악가들이 파라오의 연회에서 연주하고 있지. 피피 같은 지식인이 새겨 놓은 글에는 파라오가 백성을 위해 펼친 경이로운 업적을 칭찬하고, 모두가 파라오의 지배 아래 행복하다고 주장하는 내용이 담겨 있어. 이런 그림과 글은 파라오가 듣고 싶은 이야기만 들려주지만, **공동묘지의 뼈들은 진실을 말해 주지.**

네가 진실을 알고 싶다면 글로 읽거나 그림으로 보는 내용을 다 믿어서는 안 돼. 솔직한 의견을 듣고 싶으면 뼈에게 물어보는 게 최선이야. 뼈는 거짓말을 하지 않으니까. ✋

4장
죽은 자들의 꿈

너라면 그 규칙을 바꿀까

만일 네가 아케나텐의 명령에 따라 도시를 건설한 노예 가운데 한 명이라면 어떨까? 아마 사막 한가운데서 고생하기 싫어서 집에 돌아가고 싶겠지. 하지만 그건 규칙 위반이야. 노예는 허락 없이는 아무 데도 갈 수 없었고, 집에 가도 좋다고 허락해 줄 리도 없었어. 규칙을 어기면 되지만, 그건 매우 위험해. 네가 도망치려고 하면 파라오의 병사가 너를 잡아가서 때리고 심지어는 죽일지도 몰라. 그래도 도망칠 마음이 들까?

이번에는 네가 파라오의 병사라고 생각해 봐. 도망치려는 노예를 보면 어떻게 할래? 너는 노예가 불쌍해서 보내 주고 싶을지도 몰라. 그것이 규칙 위반이라는 사실은 알지만 너는 이 규칙이 마음에 들지 않아. 그래서, '깜박 잠이 들어 아무것도 못 봤다고 말해야겠어' 하고 생각했지.

하지만 보초를 서다가 잠이 들어도 규칙 위반이야. 너는 무서웠어. 규칙을 위반하면 중요한 관료에게 잡혀갈 테고, 관료는 파라오에게 네가 보초를 서다가 잠들었다거나 일부러 노예를 풀어 줬다고 일러바치겠지. 그러면 파라오는 몹시 화가 나서 너를 노예로 만들거나, 심지어 죽일지도 몰라. 반대로 네가 규칙에 따라 노예를 붙잡으면 아마 파라오가 너를 승진시켜 주고 월급도 올려 줄 거야! 그래도 노예가 탈출하도록 내버려 둘 수 있을까?

이제, 네가 중요한 관료라고 생각해 봐. 어떤 병사가 노예를 탈출시켜 줬다는 사실을 알았다면 어떻게 하겠어? 너는 그 병사가 착하다고 생각해서 병사가 처벌받기를 바라지 않을 수도 있어. 하지만 병사는 규칙을 위반했고, 규칙을 어기는 사례를 보고하는 것이 네 임무라는 사실을 알고 있어. 너는, '못 본 척하거나 깜빡 잊어버린 척하자' 하고 생각하겠지.

멈출 수 없는 우리

하지만 규칙에 따르면 **관료는 모든 일을 낱낱이 파라오에게 보고해야 해.** 또 파라오가 너에게 새로운 도시를 최대한 빨리 완성하라고 명령했는데, 노예들이 도망친다면 도시는 영원히 완성되지 않겠지. 그러면 파라오가 분노해서 네 출셋길이 막힐지도 몰라.

게다가 너는 사람들이 마음에 들지 않는다는 이유로 규칙을 따르지 않으면 엉망이 된다는 사실도 알아. 규칙을 무시하고 노예를 탈출시켜 준 병사는 다음번에는 다른 규칙을 무시할지도 몰라. 전투 도중에 군대를 버리고 떠나거나, 아니면 적에게 국가 비밀을 팔아넘기겠지. 그렇기 때문에 너는 그 병사를 파라오에게 고발할 거야?

마지막으로, 네가 파라오라면 규칙을 바꿀까? 너는 아마 노예 제도가 나쁘다고 생각해서 규칙을 따르지 않는 사람들을 용서할지도 몰라. 하지만 하루아침에 규칙을 바꾸면 무슨 일이 일어날지 몰라 걱정될 거야. **이집트 왕국을 세우고 100만 명이 협력하게 만드는 데 수백 년이 걸렸어.** 모든 규칙에는 이유가 있었지.

네가 규칙을 갑자기 바꾸면 사람들은 어쩔 줄 몰라 할 거야. 사람들은 세금을 내지 않으려 하고, 병사들은 명령을 따르지 않을지도 몰라. 아무도 도시와 둑과 운하를 건설하려 하지 않겠지. 그러면 세상은 엉망진창이 될 거야! 왕국이 통째로 무너질 수도 있어! 수천 명이 전쟁터에서, 그리고 홍수와 굶주림으로 죽을지도 몰라. 다 네가 똑똑한 척하다가 일어난 일이지.

그래도 규칙을 바꾸겠어? 사람들이 따르는 규칙이 매우 불공평하다고 해도 그 규칙을 바꾸기가 쉽지만은 않아.

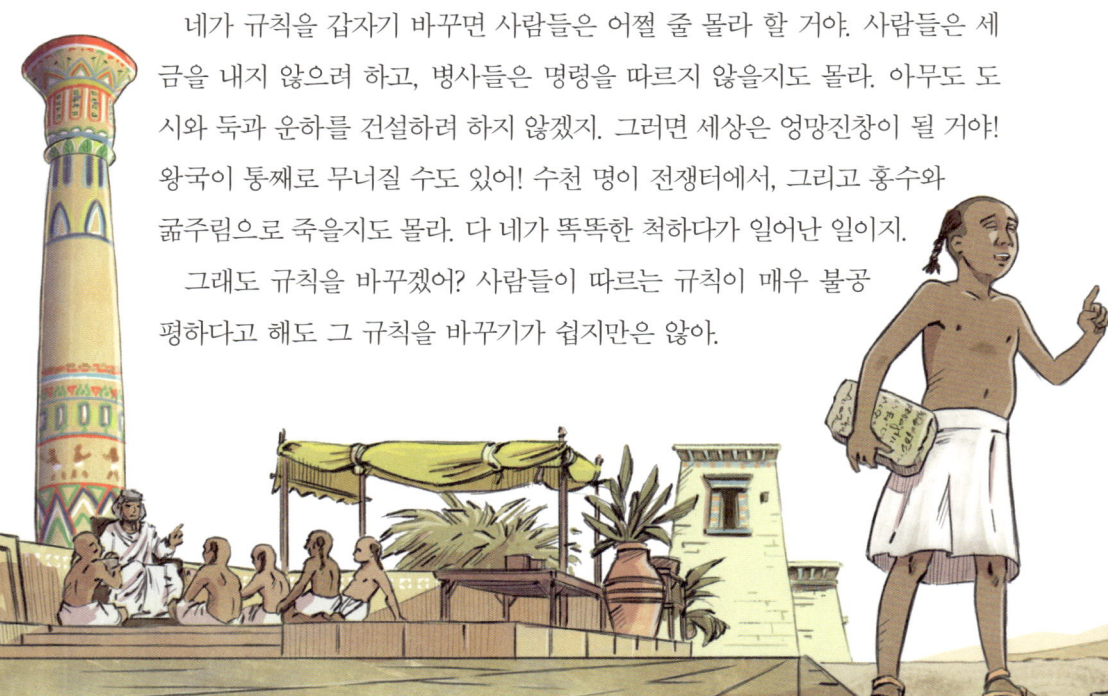

세상이 원래 그런 걸 어떡해

고대 이집트 같은 왕국을 건설하기 위해서는 많은 사람이 많은 규칙을 따라야 했어. 단지 노예와 병사와 관료만이 아니라, 말 그대로 모두가 규칙을 따라야 했지. '열심히 일해라' '아이를 많이 낳아라' '세금을 내라'……, '왕이 명령하면 무조건 따라라' 같은 규칙들 말이야. 사람들이 규칙을 따르면 왕국이 문제없이 돌아갔고 규칙을 따르지 않으면 엉망이 되었지.

모두가 규칙을 따르게 하기는 쉽지 않았어. 많은 규칙이 두척 불공평했기 때문이야. 어떤 사람들은 부자로 살게 하고, 어떤 사람들은 가난하게 살게 하는 규칙들처럼. 그리고 부잣집 소년은 학교에 가고, 부잣집 소녀는 집에 있고, 가난한 집 소년과 소녀는 밭에서 일하게 하는 규칙들도. 이런 차별은 자연법칙과는 아무 관계가 없었어. 중력이 어떤 사람을 노예로 만들거나, 소녀를 학교에 가지 못하게 가로막지 않잖아. 이런 규칙은 인간이 만들어 냈어.

학교에 다니는 소년 페피가 길을 가다가 농부 소녀 마아트를 만났다고 생각해 봐.

마아트가 물었어.

"어디 가?"

페피가 대답했지.

"읽기와 쓰기를 배우러 학교에 가는 길이야. 나는 이다음에 높은 관료가 될 거야!"

"와! 나도 학교에 가서 높은 관료가 되고 싶지만 밭에 가야 해. 오늘은 양파를 캐야 하거든. 우리 둘이 바꾸면 안 될까? 나는 학교에 가고, 너는 양파를 캐고."

"미안해. 규칙이라서 그건 안 돼. 나는 아빠가 부유한 관료라서 학교에 가고, 너는 부모님이 가난한 농부라서 양파를 캐는 거야. 그런데 네 부모님이 부자라고 해도 너는 여자니까 어차피 학교에 갈 수 없어! 나도 여동생이 셋인데 아무도 학교에 가지 않아."

"너무 불공평해! 이런 규칙을 누가 만든 거야? 나한테는 묻지도 않았잖아."

"나한테 뭐라고 하지 마. 나는 겨우 열 살이야. 그 규칙을 만들지 않았어. 태어나 보니 이런 세상이었을 뿐이야. 어른들이 항상 말하듯이, 세상이 원래 그런 걸 어떡해."

"쳇······. 그 세상은 순전히 네 편이구나!"

달리트

다른 곳에서는 이집트보다 규칙이 훨씬 엄격했어. 예를 들어 고대 인도에는 '달리트'라는 집단이 있었어. 달리트에 속하는 사람들은 수많은 끔찍한 규칙 때문에 고통을 겪었어. 그 규칙에 따르면, **다른 집단 사람들은 달리트와 친구가 되어도 안 되고, 달리트를 만져도 안 되며, 심지어 달리트 근처에 가도 안 되었지.** 달리트는 고대 인도에서 가장 더럽다고 여겨지는 일을 해야 했어. 청소나 쓰레기 수거 같은 일이었지. 이런 일은 중요하고 힘들지. 달리트는 이런 일을 하면서도 품삯을 아주 조금밖에 받지 못했어. 그들은 해진 옷을 입고 배불리 먹지도 못했지. 아무도 달리트 가까이 가려 하지 않아서 그들은 도시와 마을 밖에 오두막을 짓고 살아야 했어.

달리트 자식들은 학교에 가지도, 읽기와 쓰기를 배우지도 못했어. 다른 아이들이 집으로 초대하지도 않았고, 함께 밥을 먹거나 친구가 되려고도 하지 않았지.

이렇게 사람들은 달리트를 아무렇게나 대했어. 하지만 **다른 집단인 사제에게는 깍듯이 대했지.** 높은 신분의 사제 집단은 '브라만'이라고 불렸어. 브라만은 대체로 부자였고 깨끗하고 좋은 옷을 입었으며 훌륭한 음식을 먹었지. 그들은 남들이 부러워하는 일을 했어. 아름다운 사원에서 일하거나 사람들이 세금을 얼마나 내야 하는지 종이에 적는 일처럼 말이야. 브라만 자식들은, 남자아이라면, 학교에 다녔지. 브라만 집단 소년들은 자신이 다른 집단 사람들, 적어도 달리트보다는 확실히 우월하다고 생각했지. 만일 달리트 소녀가 브라만 소년을 길에서 만났다면 소녀는 소년에게 말도 붙이지 못했을 거야.

그런데 그들은 어떻게 달리트가 되었을까? 간단해. 규칙에, '부모님이 달리트면 자식도 달리트가 된다'고 쓰여 있기 때문이지. 따라서 달리트 아이에게, "어른이 되면 뭐가 되고 싶어?" 하고 묻는 사람은 없었어. **아이가 어떤 재능을 지녔거나 어떻게 살고 싶어 하거나 상관없이** 무조건 화장실을 청소하고 누더기를 걸쳐야 했지.

엄마는 달리트인데 아빠가 사제라면 어떻게 될까? 그들의 자식은 어떤 사람이 되고 싶은지 선택할 수 있었을까? 그런데 그런 선택을 할 필요가 없었어. 규칙에, '사제는 달리트와 결혼하거나 자식을 낳을 수 없다'고 적혀 있었으니까.

그러면 네가 달리트의 자식인데 사제의 딸과 사랑에 빠지면 어떻게 될까? 안됐지만, 아무도 네가 누구를 사랑하는지 따위에는 관심 없었지. 너는 규칙을 따라야 했어.

누구에게 상을 줘야 할까

그런데 사람들은 왜 이런 규칙을 따랐을까?

사람들에게 규칙을 지키라고 설득하는 한 가지 방법은 상을 주는 거야. 네가 심부름을 하면 엄마 아빠가 네게 쿠키를 주듯이 말이야. 그런데 이 방법에는 한 가지 큰 문제가 있었어. 모두에게 줄 만큼 상이 충분하지 않았다는 거야. 부모님이 날마다 네가 숙제하기 전에 쿠키를 하나 주고, 네가 쓰레기를 버리면 또 쿠키를 주고, 앞의 두 가지 일을 네가 투덜대지 않고 하면 또다시 쿠키를 하나 준다면……, 쿠키가 몇 톤이나 필요하겠지!

그리고 네가 착하게도 하지 않는 나쁜 짓들은? 네가 날마다 할 수 있는 나쁜 짓이 수백 가지 있지만 너는 그런 나쁜 짓을 하지 않지. 동생을 꼬집지도, 거실에 양말을 벗어 두지도, 텔레비전을 부수지도 않지. 그래서 부모님이 네게 날마다 백만 개의 쿠키를 줘야 할까?

고대 이집트의 파라오도 마찬가지였어. 옳은 일을 한 모든 관료와 병사에게 밭을 한 필씩 줬다고 생각해 봐. 머지않아 이집트에는 파라오의 밀밭이 하나도 남지 않을 거야.

그러니까 규칙을 지킬 때마다 사람들에게 상을 주는 건 불가능해.

감시병은 누가 감시하지?

규칙을 따르게 만드는 또 한 가지 확실한 방법은 규칙을 어기는 사람들을 벌주는 거였어. 농부도 말과 소에게 일을 시킬 때 이런 방법을 써. 말과 소를 우리에 넣고, 밧줄로 묶고, 말을 듣지 않으면 때렸지.

왕도 농부와 똑같은 방법을 썼어. 만일 어떤 사람이 이웃의 오리를 훔치면 파라오는 병사들을 보내 그 도둑을 잡았지. 병사들은 도둑을 묶어 놓고 때리거나 감옥에 가두었어. 이 방법은 때때로 효과가 있었지. 도둑이 벌받는 모습을 본 사람들이 이웃의 재산에 손대기 전에 한 번 더 생각해 보게 되었으니까.

하지만 벌주는 방법만으로 모든 사람을 마음대로 부릴 수는 없었어. 만일 네가 파라오라면 어떤 도둑이 오리를 훔치는 걸 어떻게 알 수 있겠어? 그들을 항상 감시할 수는 없잖아. 너는 왕국 수도의 으리으리한 궁전에서 살고, 그들은 외딴 마을에서 진흙을 바른 오두막에서 사는데 말이야.

사람들을 감시하라고 오두막마다 병사를 한 명씩 보낼 수는 있겠지만, 그것도 쉽지는 않아. 첫째, 그 많은 병사를 어디서 다 구하지? 그리고 그 병사들이 규칙을 어기지 않는다고 어떻게 확신하지? 엄마 아빠가 외출한다고 생각해 봐. 이럴 때 부모님은 네 언니나 누나에게, "어디 나가지 말고 우리 대신 동생을 잘 지켜봐." 하고 말씀하실 거야. 하지만 네 언니나 누나가 규칙을 어기지 않는다는 보장이 있을까?

　병사들도 마찬가지야. 만일 왕이 집집마다 병사를 세워서 사람들이 남의 오리를 훔치는지 감시했다면, 왕은 첫 번째 병사가 오리를 훔치는지 감시하기 위해 두 번째 병사를 집집마다 보내야 하지 않을까? 또 두 번째 병사가 나쁜 짓을 하지 않는다고 어떻게 장담하지?

　역사상 수많은 지혜로운 사람들이 저 질문을 던졌어. "질서를 유지하기 위해 감시병을 둔다면, 그 감시병은 누가 감시하지?" 결국 지혜로운 사람들은 처벌만으로는 질서를 유지할 수 없다고 결론 내렸어.

권력의 비밀

　집안에서나 왕국에서나 질서를 유지하는 방법은 딱 하나, 상이나 처벌이 없어도 규칙을 지키는 사람이 많아야 해. 그런데 왜 사람들은 스스로 규칙을 지킬까? 그건 그들이 규칙을 믿기 때문이야. 그것이 바로 모든 성공적인 규칙의 비결이지. 사람들이 규칙을 지키는 이유는 규칙을 믿기 때문이야.

　규칙을 믿게 하려면 어떻게 해야 할까? 가난한 사람과 노예, 달리트가 그들을 비참하게 만드는 규칙마저도 믿게 하려면 어떻게 해야 할까?

　정답은 이야기야! 이야기를 지어내서 말하는 게 무슨 소용이냐고? 이야기를 지어내는 건 인간이 가진 가장 위대한 힘이야. 우리만의 비밀스러운 슈퍼 파워지! 사람들에게 규칙을 믿으라고 설득할 수 있는 훌륭한 이야기꾼은 100명의 병사보다 훨씬 효율적이야.

　인간은 고대 이집트가 세워지기 훨씬 전부터, 사실 농업 혁명이 일어나기 전부터 이야기에 의지해 왔어. 수만 년 전부터 인간은 여러 무리를 하나로 합치기 위해, 또 모든 부족 구성원이 따르는 규칙을 만들기 위해 이야기를 이

용했어. 이야기는 인간에게 다른 동물을 이길 수 있는 힘을 주었어.

　사자와 늑대도 때때로 협력하지만 머릿수가 적을 때만 그렇게 할 수 있어. 1000마리 사자들이 어떤 목적을 위해 힘을 합치지는 못해. 사자들은 이야기하는 능력이 없으니까. 같은 이야기를 믿는 1000명이 부족을 이루면 그 부족은 사자와 늑대 무리보다 훨씬 강해졌어. **훌륭한 이야기를 가진 사람 무리는 세계에서 가장 막강한 존재였지.**

　농업 혁명이 일어난 뒤 사제와 족장은 사람들에게 열심히 일하고, 사원을 짓고, 성벽을 지키라고 설득하기 위해 이야기를 이용했어. 마을이 점점 커져 도시가 되고 부족이 점점 불어나 왕국이 되면서 이야기도 점점 커졌지. 작은 부족은 작은 이야기로도 꾸려 갈 수 있었지만, 큰 왕국을 건설하기 위해서는 큰 이야기가 필요했어.

　모든 왕국은 자기만의 큰 이야기를 가지고 있었지. 큰 이야기는 사람들에게 왕국의 모든 규칙이 아주 당연하다는 믿음을 심어 주었어. 그 큰 이야기를 믿는 사람들은 규칙을 믿었어. 규칙이 아무리 자신을 비참하게 만들어도, 자신을 감시하고 벌주는 병사가 없어도 규칙을 지켰지.

멈출 수 없는 우리

깃털과 악어

큰 왕국에서는 큰 이야기를 들려주는 일을 아주 중요하게 여겼어. 그런데 왕은 나라를 다스리느라 바빠서 시간이 없었지. 그래서 전문 이야기꾼에게 그 일을 맡겼어. 바로 사제들이었지.

사제들은 온갖 종류의 큰 이야기를 생각해 냈어. 그중 가장 유명한 이야기는 세상을 창조하고 온갖 규칙을 만든 위대한 신에 대한 이야기였지. 세계 곳곳의 사제들이 창조신 이야기를 들려주었지만, 왕국마다 그 내용은 조금씩 달랐어. 고대 이집트 소년 페피도 학교에서 그 이야기를 들었을 거야.

페피의 선생님이 말했어.

"옛날에는 세상에 아무것도 없었단다. 그때 위대한 신들이 모든 것을 창조하셨어. 태양과 달과 나일강을 창조하시고, 나무와 동물과 인간도 만드셨지."

거미를 끔찍이 싫어하는 한 아이가 끼어들었어.

"거미도요?"

"맞아, 거미도 만드셨지. 그런데 할 말이 있으면 손을 먼저 들어야지. 또 그러면 혼난다!"

"죄송합니다, 선생님."

"어디까지 말했더라? 맞다, 위대한 신들이 모든 것을 만드셨다는 데까지 말했지. 신들은 농부·병사·사제·노예를 만드셨고, 위대하고 현명한 왕을 뽑아 온 나라를 다스리게 하셨지. 그리고 우리가 따라야 할 규칙도 만드셨어. 그리고 이 규칙을 가장 중요한 사람들, 즉 왕과 사제들에게 전하셨지. 왕과

사제들은 그 규칙을 나머지 사람들에게 전했고, 아무도 잊어버리지 않도록 책에 적어 놓기까지 했단다.'

거미를 무서워하는 아이가 손을 들었지만, 선생님은 그 아이를 무시하고 말을 계속 이어갔어.

"**사람들이 규칙을 잘 지키면 신들은 기뻐하며 이집트를 홍수, 가뭄, 굶주림, 적들로부터 보호해 주셨지**. 하지만 사람들이 규칙을 어기면 신들이 화가 나서 이집트에 재난을 내리셨어."

"거미도 보내셨어요?"

"아니! 한 번만 더 거미 이야기를 꺼내면 혼날 줄 알아라! 신은 훨씬 큰 재난인 홍수와 가뭄을 내리셨어. 이집트 땅에만 내린 게 아니라, 사람들 한 명 한 명에게도 상과 벌을 내리셨지."

선생님이 거미를 무서워하는 아이를 바라보며 말했어.

"네가 죽으면 신이 네 심장을 저울에 올려서 깃털과 무게를 비교할 거야. 네가 이 세상에서 규칙을 잘 지켰다면 네 심장이 깃털보다 가벼울 거다. 그러면 **신이 너를 천국에 보내 주시지**. 하지만 손을 들지 않고 말하는 것처럼 네가 규칙을 어기면 그때마다 네 심장이 조금씩 무거워질 거야. 심장이 깃털보다 무거워지면 천국에 들어갈 수 없어.'

"천국이 아니라면 어디로 가나요?"

"음……, 무시무시한 악마가 너를 잡아먹지. 그 악마는 등이 하마처럼 생겼고, 가슴은 사자, 머리는 악어처럼 생겼어. '심장 먹는 괴물'이라고 부르지. 네가 이 세상에서 규칙을 너무 많이 어기면 심장 먹는 괴물이 너를 잡아먹고, 너는 그 괴물 뱃속에서 영원히 벌받을 거다!"

그 아이는 울기 시작했고, 페피와 친구들은 무서워 떨었어. 선생님은 이

이야기를 자꾸자꾸 들려주었고, 소년들은 그 이야기를 들을수록 규칙을 잘 따르게 되었지. 아무도 악어 괴물에게 잡아먹히고 싶지 않았으니까.

신과 깃털과 악어 괴물에 대한 이야기는 매우 중요했어. **그런 이야기가 없었다면 옛날 사람들은 이집트를 건설할 수 없었을 거야.** 물론 그 이야기는 사실이 아니지. 죽은 사람을 잡아먹는 악어 괴물 따위는 없고, 이집트를 홍수와 가뭄과 굶주림으로부터 보호해 주는 신도 없어. 하지만 그 이야기를 믿고 규칙을 따른다면, 사람들은 열심히 일하고, 운하와 둑과 곡식 창고를 짓기 위해 힘을 합칠 거야. 그리고 그 덕분에 그들은 실제로 홍수, 가뭄, 굶주림을 막아 냈지.

이야기에 드리운 어두운 그림자

큰 이야기가 사실이 아니라고 해도 사람들이 그것을 믿기만 하면 왕국의 질서를 유지할 수 있었어. 하지만 그런 이야기에는 어두운 그림자도 있었지. 수많은 사람을 비참하게 만드는 불공평한 규칙을 마치 공평하다는 듯이 둘러댄다는 거야.

악어 괴물 이야기를 듣고 나서부터 페피는 농부 소녀 마아트가 늘어놓는 불평을 참기 어려웠을 거야. 이집트의 규칙이 불공평하다고 미아트가 툴툴대면 페피는 마아트의 말을 가로막았어.

"조심해! 그 규칙은 위대한 신들이 만드신 거야. 너는 그 신들이 불공평하다는 거야? 규칙을 어기면 무슨 일이 일어나는지 알기나 해? 악어 괴물에게 잡아먹힌다고! 정말이야 학교에서 들었어!"

"악, 안 돼!"

"하지만 걱정하지 마. 신들은 너도 사랑해. 비록 너를 농부 소녀로 만드셨지만 네게 중요한 임무를 주셨어. 모두를 배불리 먹이는 식량을 기르는 일이지. 네가 규칙에 따라 맡은 일을 한다면 네 심장은 깃털보다 가벼워서 이다음에 영원히 천국에서 살게 될 거야. 이만하면 꽤 훌륭한 거래 아냐?"

"나쁘지 않네. 좋아, 서둘러야겠어. 늦으면 안 돼. 오늘 마늘을 캐야 하거든."

악어 괴물 이야기는 이렇게 해서 이집트 사람들이 왕국을 건설하고, 가난한 사람들조차 규칙을 따르도록 만들었어. 물론 모든 사람들이 그 이야기를 믿지는 않았지만 많은 이들이 믿었지. 그들이 아는 가장 중요한 지위의 사람들을 포함해서 주변 모든 이들이 그 이야기를 믿는 것처럼 보였으니까.

거인의 입

이집트에 살지 않는 사람들은 악어 괴물 이야기를 믿지 않았어. 아마 들어 보지도 못했을 거야. "악어 괴물이라고? 심장과 깃털을 저울에 올려놓고 무게를 비교한다고? 말도 안 돼!" 하지만 **그들도 그들만의 이야기를 가지고 있었지.** 예를 들어, 인도에서는 브라만 사제가 브라만 학생들에게 인도의 규칙이 정당하다고 가르칠 때 신과 거인에 대한 이야기를 들려줬어.

"처음에는 이 세상에 사람이 한 명도 없었단다. 태양과 달도 없었지. 오직 거인 푸루샤만 있었어."

한 소년이 말했어.

"불쌍한 푸루샤. 얼마나 심심했을까."

"맞아, 몹시 지루했지! 그래서 세상을 좀 더 재밌게 만들기 위해 신들이 푸루샤를 여러 부분으로 나누었어. 푸루샤 눈으로는 해를 만들고, 푸루샤 뇌로는 달을 만들었지. 그리고 사람들도 만들기로 했어. 푸루샤 입으로 어떤 종류의 사람들을 만들었는데, 이들은 매우 똑똑했고 이야기를 잘했지. 그들이 누군지 아니?"

소년들이 한목소리로 외쳤어.

"네, 우리 브라만이에요!"

"그렇지. 그럼 푸루샤의 근육질 팔로는 누구를 만들었을까?"

"전사들이요!"

"그러면 푸루샤 허벅다리에서 나온 사람들은?"

"상인과 농부들이요!"

"정말 똑똑해! 너희는 모든 답을 맞혔어. 신들은 마지막으로 거인의 가장 낮고 더러운 부분인 발로도 사람들을 만드셨어. 이 사람들은 누구지?"

"하인들이에요!"

사제는 모든 소년들이 그 이야기를 기억하고 있어서 매우 흡족했어.

"맞아! 이렇게 거인의 몸을 나눠 여러 종류의 사람을 만들었지. **몸의 각 부분이 저마다 다른 일을 하듯이** 사람들도 저마다 다른 일을 한단다. 몸의 모든 부분은 자기가 맡은 일에 충실해야 해. 발이, "나는 걷기에 질렸어. 이제부터 말을 하고 싶어!" 하고 말한다거나, 배가, "음식을 소화하는 일에 지쳤어. 보는 일을 하고 싶어!" 하고 말한다면 몸이 어떻게 될까?"

소년들은 생각에 잠겼어. 답이 떠오르지 않았지. 혹시 함정일까?

마침내 가장 똑똑한 소년이 말했어.

"몸은 무너질 거예요."

"옳지! 왕국도 마찬가지야. 만일 어느 날부터 농부가 농사짓기를 그만두고

4장 죽은 자들의 꿈

하루 종일 이야기를 하거나, 쓰레기를 줍는 사람들이 갑자기 사제가 된다면 왕국이 무너질 거야. 그래서 모든 사람은 각자 자신이 맡은 일을 불만 없이 해야 한단다."

그리고 나서 사제는 소년들에게 훨씬 더 중요한 이야기를 했어.

"너희는 죽으면 아기로 다시 태어난단다. 이때 이 세상에서 어떻게 행동했는지에 따라 새로운 인생이 결정되. 규칙을 충실히 지키고 불평하지 않고 맡은 일을 잘하면 다음 세상에서 더 좋은 곳에 태어난단다."

"브라만처럼요?"

"맞아. 지금 농부라고 해도 규칙을 잘 지키면 부유한 브라만 사제로 다시 태어날 수 있단다! 네가 브라만이라고 해도 규칙을 어기면 다음 세상에서는 가난한 하인으로 태어나지."

소년들의 얼굴에 웃음기가 가셨어. 소년들은 언젠가 하인이 될 수도 있다는 생각이 마음에 들지 않았지.

"이제 너희도 알겠지만, 세상은 아주 공평하단다. 부자와 힘 있는 사람은 저번 세상에서 좋은 일을 했기 때문에 상을 받은 거야. 가난한 하인은 저번 세상에서 나쁜 짓을 해서 벌받는 거고. 그러니 하인들도 규칙을 잘 지켜야 해. 규칙을 잘 지키면 다음 세상에는 브라만이 될 수 있으니까!"

브라만 사제는 이 이야기를 모든 사람에게 들려주었어. 브라만 소년들뿐만 아니라 전사, 농부, 하인, 그리고 하인보다 훨씬 지위가 낮은 달리트에게도. 그래서 거의 모든 사람은 **그 규칙이 공평하다고 생각했고, 따라서 잘 지켜야 한다고 믿었어.** 하인과 달리트 중에서도 일부는 그렇게 믿었지. 심지어 지금도 인도에는 이 이야기를 믿는 사람들이 있어.

네가 사는 나라에도 온갖 종류의 불공평한 규칙을 공평한 것처럼 둘러대는 이야기가 있지?

35

멈출 수 없는 우리

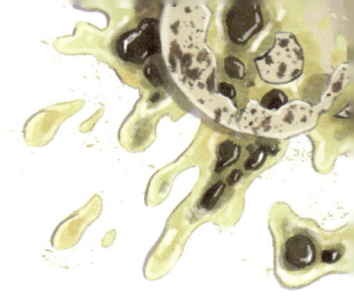

마법의 냄새

아주 불공평한 규칙을 공평한 것처럼 둘러대는 데 그치지 않고 혐오감을 심어 주는 이야기도 있었어. 혐오는 인간이 가진 가장 기본적인 감정 가운데 하나야. 모든 사람이, 심지어 동물도 가끔 혐오감을 느껴. 너도 상한 음식이나 토사물 따위를 보면 구역질이 나고 혐오감을 느낄 거야. 하지만 세상에 갓 태어났을 때는 뭐가 혐오스러운지 몰라. 그래서 **어린아이들은 온갖 물건을 입에 넣어 보면서 혐오감을 배우지.** 예를 들어, 맛이 이상하거나 구역질이 나는 음식은 다음번에는 절대 먹지 않을 거야.

좋은 감정을 가졌던 물건에도 우연한 계기로 혐오감을 느낄 수 있어. 예를 들어, 바나나를 먹고 나서 배탈이 나면 네 몸은 바나나가 배탈을 일으켰다고 생각할 테고, 너는 바나나 냄새만 맡아도 메스꺼움을 느낄 거야.

혐오감은 이상한 맛이나 배앓이에서뿐만 아니라 부모님에게도 배워. 네 부모님이, "코를 후비지 말고, 콧물을 먹지 마. 그건 혐오스러운 일이야!" 하고 줄기차게 잔소리를 한다면, 1000번쯤 들은 후에는 너도 콧물 먹는 행동을 혐오하기 시작할 거야. 그리고 네 친구가 콧물을 먹으면, "메스꺼워. 혐오스러워!" 하고 소리치겠지.

옛날에는 어른들이 아이들에게 어떤 사람들은 혐오스럽다고 가르쳤어. 부잣집 부모는 자식에게, "하인의 자식과 놀지 마! 걔는 더럽고 냄새나고 온갖 병을 가지고 있어. 혐오스러운 애야!" 이렇게 말하고는 했지.

이런 말을 1000번쯤 듣고 나면 부잣집 자식은 정말 하인의 자식이 혐오스럽다고 생각하기 시작해. 그래서 남동생이 하인의 자식들과 함께 놀거나 사과를 나눠 먹으면, "혐오스럽게 지금 뭣 하는 짓이야?" 하고

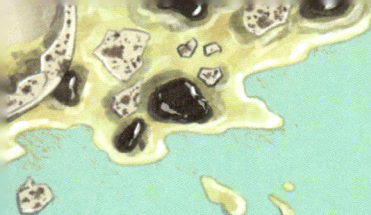

4장 죽은 자들의 꿈

소리칠 거야.

이게 전부가 아니야. 사람들은 무엇이 깨끗하고 아름다운지도 새롭게 지어냈어. 사람은 볼 수 없지만, 신만이 볼 수 있는 아름다움을 상상하고 그것을 '순결'이라고 불렀지. 순결한 사람들은 신의 눈에 아름다워 보인다고 생각했어. 반대로 추하고 더럽고 냄새나는 대상도 지어냈지. 인간의 코는 맡을 수 없지만, 신만이 맡을 수 있는 마법의 냄새를 '불결'이라고 불렀지. 불결한 사람들에게는 신이 혐오감을 느낀다고 생각했어.

인간의 눈으로는 순결을 볼 수 없고 인간의 코로는 불결의 냄새를 맡을 수 없었어. 그러면 누가 순결하고 누가 불결한지 어떻게 판가름했을까? 부모님과 선생님을 믿는 수밖에 없었어. 그리고 부모님과 선생님은 신의 말을 들은 사제를 믿었지.

고대 인도의 사제는 사람들에게, "브라만은 순결하고 달리트는 불결하다. 둘을 섞으면 브라만도 불결해진다. 진흙과 먼지투성이인 사람을 껴안으면 너도 더러워지듯이 불결한 사람을 껴안으면 불결함이 네게 들러붙는다" 하고 이야기했어.

사람들은 이 이야기를 되풀이해서 들으며 점차 믿게 되었지. 사람들은 달리트가 물컵으로 물을 마시는 모습을 보면 그 컵으로 물을 마신다는 생각만으로도 역겨워했어. 그 달리트가 세 번 목욕하고 온몸을 비누로 씻고 깨끗한 새 옷을 입었다 해도 그는 여전히 불결한 사람 취급을 받았지. 사람들은 달리트가 가까이 오면 자기도 불결해질까 봐 두려워했어.

세계 다른 지역에서도 비슷한 이야기를 지어냈고, **옛날에만 그랬던 것도 아니야.** 현대 미국에서 백인은 오랫동안 흑인이 불결하고 오염을 일으키는 원인이라고 믿었지.

그래서 흑인은 백인과 같은 식당에서 먹지 못했고, 같은 호텔에서 잠을 자지 못했으며, 같은 학교에서 공부하지 못했어. 흑인과 백인의 결혼도 법으로 금지했지. 만일 흑인 소년이 백인 소녀에게 데이트 신청을 하면 백인들은 몹시 화를 냈고 때로는 소년을 죽이기도 했어. 다행히 지금은 미국인 대부분이 흑인은 불결하다는 끔찍한 이야기를 받아들이지 않고, 흑인 소년과 백인 소녀가 사랑에 빠지면 둘이 결혼해서 행복하게 살 수 있어.

하지만 **비슷한 끔찍한 이야기가 아직도 통하는 곳들이 있어**. 혹시 네가 사는 나라에도 어떤 사람들은 불결하고 냄새나고 더럽기 때문에 그들과 함께 놀거나 음식을 나눠 먹으면 안 된다는 이야기가 있어?

소년과 소녀

모든 나라에 달리트가 있지는 않아. 하지만 한 부류의 사람들은 모든 나라에 존재했고, 거의 항상 순결과 불결함에 대한 고약한 이야기로 고통받았지. 이 집단은 세계 인구의 반을 차지했어. **그 사람들은 바로 여성이야.**

세계 여러 지역의 많은 사제와 교사는 여성이 마법의 냄새를 풍기고, 신들이 그 냄새를 좋아하지 않는다고 이야기했어. 그래서 신들이 여성에게는 말도 걸지 않는다고 주장했지. 순결한 남자만이 신과 이야기를 나누고, 신이 한 말을 사람들에게 전할 수 있다는 거야.

여성에 대한 많은 불공평한 규칙을 이런 식으로 그럴듯하게 둘러댔지. 이런 불공평한 규칙은 수천 년 동안 많은 나라에 있었고, 어떤 나라에는 지금도 있어. **여자는 불결한 존재이기 때문에** 사제가 되거나 성스러운 책을 읽을 수 없었어. 여자가 그런 일을 하면 신이 싫어할 테니까. 비슷한 이유로 여자는 학교에서 공부할 수도, 판사가 될 수도, 통치자가 될 수도 없었어.

몇몇 나라에서는 여자는 혼자 외출도 할 수 없었어. 소녀가 외출하고 싶으면 아버지나 삼촌, 또는 오빠나 남동생이 함께 가야 했지. 오빠가 안 된다고 하면 소녀는 집에서 나갈 수 없었어.

사제와 통치자가 되지 못하고 심지어 혼자서 외출도 못한다면, 여자는 무엇을 해야 했을까? 여자들은 남자들이 하라는 일은 뭐든지 해야 했어. 실제로 많은 나라에 여자는 남자의 재산이라는 규칙이 있지!

염소 같은 동물이 재산이 되고 일부 사람들이 노예가 되던 즈음에 **여성도 재산이 되었어.** 많은 왕국에 딸은 아버지 재산이고, 여동생은 오빠 재산이며, 아내는 남편 재산이라는 규칙이 있었어.

소녀가 어떤 소년을 좋아해도 소년에게 데이트를 신청할 수 없었어. 누구와 데이트하고 결혼할지 결정하는 사람은 소녀의 아버지나 오빠였어.

그러면 소년이 어떤 소녀를 좋아해서 결혼하고 싶다면 어떻게 했을까? 소년은 소녀에게 데이트를 신청하지 않았어. 대신 소녀 아버지를 만나 소녀와 결혼하게 해 달라고 설득해야 했어. **아버지가 소녀의 주인이었기 때문이지.** 마치 자동차를 사는 방법과 비슷해. 네가 자동차를 사고 싶다면 자동차에게 직접 말하지 않고 자동차 주인에게 말하지.

소녀 아버지에게 결혼을 허락받으려면 소년은 어떻게 해야 했을까? "딸을 주시면 염소를 열 마리 드리겠습니다!" 이렇게 약속했을 거야. 소녀 아버지가 좋다고 하면 소녀의 생각은 중요하지 않았어. 소년이 전혀 마음에 들지 않아도 소녀는 결혼해야 했지.

일단 결혼하면 소녀는 더 이상 아버지 재산이 아니었어. 그때부터는 남편의 재산이었지. 히브리어 같은 옛날 언어에서 **'남편'을 뜻하는 단어는 '주인'을 뜻하는 단어와 같아.** 그러니 부모가 딸보다 아들을 좋아하는 건 전혀 이상하지 않았어. 먹을거리가 떨어지면 부모는 마지막 남은 빵 부스러기를 아들에게 주고 딸은 굶겼지.

유령이나 세금보다 무서운

순결과 불결에 대한 이야기는 전혀 사실이 아니야. 신은 맡을 수 있는데 인간은 맡을 수 없는 마법의 냄새 따위는 없어. 하지만 이야기가 꼭 사실이어야 힘을 발휘하는 것은 아니었지. 충분히 많은 사람이 그 규칙을 따를 만큼 설득력이 있으면 그만이었어.

사람들이 이야기를 믿게 하려면 어떻게 해야 할까? 한 가지 확실한 방법은 자꾸자꾸 이야기하는 거야. 이야기를 딱 한 번 들으면 그냥 이야기일 뿐이라고 생각해. 하지만 같은 이야기를 1000번쯤 들으면 사람들은 이야기가 사실이라고 믿지.

어른들은 왕국의 큰 이야기를 셀 수 없이 자주 들었기 때문에 그 이야기를 믿었어. 아이들도 그럴까? 아이들은 태어날 때 아무 이야기도 알지 못해. 그래서 어른들은 아이들에게 큰 이야기를 들려주는 데 유난히 많은 노력을 기울였지. 이집트에서 아이들은 심장 먹는 괴물 악어 이야기를 듣고 또 들었고, 인도 어른들은 거인 푸루샤 이야기를 아이들에게 되풀이해서 들려주었어.

어른들이 일부러 거짓말을 한 건 아니야. 고대 이집트, 고대 인도, 그리고 다른 왕국의 어른들은 아이들에게 진실을 전한다고 믿었어. 어른들도 어렸을 때부터 그 이야기를 수없이 들었기 때문에 진실이라고 믿게 되었지. 어른들이 그 이야기를 믿은 또 다른 이유는 그들이 괴물과 유령, 세금과 관료보다 무서워하는 게 하나 있기 때문이야. 어른들은 자신이 무엇인가에 대해 알지 못하는 상태를 끔찍이 두려워해. 모른다고 솔직히 인정하느니 차라리 이상한 이야기를 지어내는 쪽을 택하지.

이야기가 현실이 되다

그래서 어른들은 큰 이야기를 하고 또 했어. 이런 이야기를 하고 있으면 마음이 편안해졌고, 자기가 하는 이야기를 누군가 의심하면 불같이 화를 냈지. 불안해졌기 때문이야.

물론 이야기를 말로 들려주는 방법만으로는 충분하지 않아. **무엇인가를 정말로 믿으려면 현실에서 실제로 보여 주어야 했어.** 예를 들어, 어느 날 페피가 아빠 케티와 함께 길을 가는데 누더기를 걸친 노예가 두 사람에게 다가왔어. 케티는 노예를 밀치며 이렇게 소리쳤지.

"저리 비켜, 불결한 바보야!"

뒤이어 흰옷을 입은 사제가 다가오자 케티는 정중하게 인사했어.

"안녕하세요, 존경하는 사제님!"

갑자기 커다란 황금마차가 병사들의 호위를 받으며 다가왔어. 케티는 아들 팔을 붙잡고 길 옆으로 비키며 바닥에 엎드렸지.

"파라오다! 고개를 숙여."

케티는 페피에게 속삭였어.

"무슨 일이 있어도 고개를 들지 마! 파라오 얼굴을 똑바로 봐서는 안 돼!"

그들이 집에 왔을 무렵 페피는 이집트의 이야기를 완벽히 이해했어. 파라오가 꼭대기, 사제가 그 아래, **자기 가족은 중간,** 노예가 맨 밑바닥 신분이라는 사실을. 단지 이야기가 아니라 눈으로 직접 확인한 사실이었지.

오른발부터 들여놓기

하지만 한 가지 문제가 있었어. 모든 이야기의 가장 중요한 알맹이는 볼 수도 만질 수도 없다는 점이었지. 페피와 학교 친구들은 악어 괴물을 실제로 본 적이 없었어. 브라만과 달리트는 거리에서 거인 푸루샤를 만나지 못했지. 사람들은 세상을 만든 신들에 대해 항상 이야기했지만, **이 신들이 실제로 존재하는지 어떻게 알지?** 혹시 지어낸 이야기가 아닐까?

이 문제를 해결하기 위해 왕과 사제들은 '의식'이라는 것을 마련했어. 실제로 보고 만질 수 있는 무언가를 가져다 놓고 사람들에게 이야기에 등장하는 상상의 존재라고 믿게 만드는 거야. 예를 들어, 한 사제가 사람들에게 위대한 신이 세상을 창조하고 규칙을 만들었다고 말했어. 하지만 사제는 사람들에게 신을 보여 줄 수는 없었겠지? 그러면 어떻게 해야 꾸며낸 이야기가 아니라는 것을 증명할 수 있을까? **사제는 의식을 거행했어.**

사제는 웅장한 사원에 아름다운 신 조각상을 가져다 놓았어. 그런 다음에 이렇게 말했지.

"사원에 오면 신을 볼 수 있다. 하지만 예를 갖추어야 한다. 먼저 몸을 구석구석 씻어라. 귀 뒤까지 샅샅이! 그런 다음에 가장 좋은 옷을 입고 신에게 멋진 제물을 바쳐라."

사람들이 물었어.

"예를 들어 어떤 걸로요?"

"빵이나 염소, 또는 좋은 망토 같은 것 말이다."

"알겠어요. 우리는 빵을 가져갈게요."

"잠깐, 그게 전부가 아니다. 사원 밖에 신발을 벗어 두고 맨발로 들어와라. 반드시 오른발부터 들여놓아야 한다! 그리고 신을 보면 무릎을 꿇고 세 번 절하고 특별한 노래를 불러라. 그런 다음 일어서서 일곱 걸음 앞으로 간 다음, 다시 무릎을 꿇고 일곱 번 절을 해야 한다. 이 과정을 여러 번 반복해라. 꼭 기억해. 절대 일곱 걸음보다 더 가서는 안 된다. 신 앞에 서면 신의 발은 건져도 되지만 손이나 머리는 절대 만지면 안 된다! 그건 금지된 일이다!"

"쉽지 않군요. 하지만 신을 보려면 이 정도는 해야지요. 신과 이야기도 나눌 수 있나요?"

"물론이다. 너희는 신의 발을 만질 때 신에게 소원을 빌 수 있다. 비를 내려 달라거나 병을 낫게 해 달라고 기도하면 된다. 하지만 물러날 때 신에게 등을 보여서는 안 된다. 끝까지 뒷걸음질 쳐서 나와야 하고, 마지막으로 다시 무릎을 꿇고 절을 해야 한다. 그런 다음 꼭 오른발부터 나와야 해. 알아들었지?"

사람들은 이런 복잡한 지시를 따르면서 신을 만나는 일을 매우 특별하게 생각하게 되었어. 그 복잡한 일을 날마다 할 수는 없었지. 그래서 가족이 아프다거나 중요한 일이 생기면 찾아와 신의 도움을 구했어. 또 아기가 태어나서 축복받고 싶을 때도 찾아왔을 거야.

어린아이들은 처음에 이런 의식을 이해하지 못해서 실수투성이였지. 구 뒤를 깜빡하고 씻지 않는다거나 왼발부터 먼저 들여놓는다거나 특별한 노래를 부르는 동안 자기도 모르게 키득거렸어. 하지만 그럴 때마다 부모는 아이들을 나무랐지. 아이들은 의식 절차를 제대로 지키는 것이 얼마나 중요한지 서서히 깨우쳤어.

나무 조각이 창조신이 되는 순간

 이런 복잡한 의식이 대체 무슨 의미가 있을까? 신 조각상은 사실 나무에 금과 은을 씌웠을 뿐이잖아. 네가 평소에 쓰는 의자처럼 나무로 만든 다른 물건과 다를 게 없지. 우리는 의자에 앉을 때마다 귀 뒤를 씻지도, 신발을 벗지도 않아. 의자를 향해 노래를 부르지도 않고. 안 그래?

 사람들은 의식을 반복하면서 신 조각상이 의자와는 다르다고 생각하게 되었어. 신 조각상은 아주 특별했지. **신 조각상을 보고 만지면 마치 신을 만지는 느낌이었어.** 그래서 누군가가 신이 존재하는지 어떻게 아느냐고 물으면 그들은 이렇게 대답했어.

 "무슨 말이에요? 어제도 사원에 가서 신을 만나 오래 이야기를 나눴다고요! 신은 심지어 내 소원도 들어주셨어요! 비가 오게 해 달라고 부탁했는데, 보세요, 비가 오잖아요!"

 "나도 지난주에 사원에 가서 아들 병을 낫게 해 달라고 부탁했지만 아이가 아직도 아파요!"

 "아마 당신이 의식을 제대로 하지 않았을 거예요. 혹시 사원에 들어갈 때 왼발부터 들여놨어요?"

 이게 바로 의식의 효과야. **이것과 저것이 비슷하다고 느끼게 되는 거지.**

그래서 사람들은 글을 씌운 나무 조각을 우주를 창조한 신이라고 생각하게 됐어.

깃발과 티셔츠

사원에 세워 둔 나무 조각을 신이라고 믿다니 정말 어처구니없다고? 잘 생각해 보면 너도 너만의 의식이 있을 거야. 모든 사람이 그렇지. 남들의 의식을 비웃기는 쉽지만, 다른 사람이 네 의식을 비웃으면 화가 날 거야. **사회를 하나로 묶는 큰 이야기를 우리가 믿을 수 있게 된 비결이 바로 의식이야.** 그래서 의식은 지금도 옛날만큼이나 중요해. 예를 들어, 오늘날 사람들은 자기 나라 국기를 볼 때 가슴이 벅차 올라. 국가는 신과 공통점이 있어. 둘 다 보거나 만질 수 없지. 옛날에 신을 믿게 하려고 조각상을 만들었듯이 지금은 국가를 믿게 하려고 국기를 만들어.

모든 나라에는 국기가 있어. 국기는 수백 년 동안 여러 형태를 띠었지만, 지금은 모두 엇비슷하게 생겼어. 네모 천 조각에 줄무늬나 별, 또는 다양한 도형이 갖가지 색깔로 그려져 있지. 국기는 티셔츠처럼 평범한 천으로 만들어지지만, **사람들은 온갖 의식을 치르면서 자기 나라 국기를 특별하게 느끼게 돼.** 어떤 학교에서는 아침마다 국기를 올리는 의식을 하지. 1교시 수업 전에 모든 학생이 운동장에 모여. 비가 오는 날도! 학생들은 국기가 올라가는 모습을 지켜보며 경례를 하고 노래도 부르지. 사람들은 학교나 경찰서, 그리고 경기장처럼 중요한 건물에 국기를 달아.

자기 집에 국기를 다는 사람들도 많아. 국가 대표팀이 월드컵에서 우승한다거나 하는 중요한 일이 생기면 모두가 국기를 흔들어. 군인이 전쟁에 나갈 때도 국기를 들고 나가지. 또 많은 군인이 국기가 적의 손에 넘어가지 않도록 지키다가 죽었어. 이런 일을 반복하다 보면 이 평범한 천 조각이 특별하게 느껴져. 알록달록한 천 조각을 보면서 애국심을 느끼는 거지.

사람들은 자기만의 의식을 지켜. 예를 들어, 너에게도 행운의 티셔츠가 있을 거야. 천 자체는 다른 티셔츠와 다를 게 없지만, 그 티셔츠는 너에게 아주 특별하지. 너는 이 티셔츠를 서랍에 넣어 두고 잘 꺼내 입지 않아. 특별한 날을 위해 아껴 두거든.

어려운 수학 시험을 치르는 날, 너는 전날 밤에 이 행운의 티셔츠를 꺼내지. 그리고 입을 때는 항상 오른팔부터 먼저 넣어. 실수로 왼팔을 먼저 넣으면 이 모든 의식이 물거품이 되고 말아. 너는 티셔츠를 입을 때마다 항상 짧은 노래를 불러. 또 세탁은 꼭 일요일에만 할지도 모르지. 다른 날 티셔츠를 빨면 행운이 씻겨 나간다고 생각하니까.

그 티셔츠를 입고 수학 시험을 봤는데 기대한 만큼 좋은 점수를 받으면, '거봐, 티셔츠가 효과가 있잖아! 정말 효과가 좋다고!' 이렇게 생각해. 하지만 생각보다 나쁜 점수를 받으면, '젠장, 실수로 왼팔부터 입었나 봐. 아니면 노래를 부르지 않았거나. 혹시 아빠가 월요일에 세탁하셨나? 좀 더 신경을 써야 했어!' 하고 생각하겠지.

이렇게 여러 번 반복하면 그 티셔츠는 단순한 티셔츠 이상의 힘을 갖게 돼. 특별해지지. 만일 누군가가 티셔츠를 훔치거나 찢으면 넌 정말 화가 날 거야.

세상 모든 것은 세 종류로 나뉜다

고대 이집트에서건 네가 지금 사는 나라에서건, 국가는 이야기와 의식의 힘을 빌려 규칙을 유지하지. 이야기가 없다면 고대 왕국도 현대 국가도 존재할 수 없었을 거야. 그런데 가장 이상한 점은 왕국과 국가도 이야기라는 거야. 고대 이집트는 페피와 케티, 파라오와 사제, 농부가 다 같이 믿은 이야기였지. **현대 국가도 이야기야.** 네 나라는 너와 네 부모님, 친구, 이웃들이 믿는 이야기지.

국가가 이야기라는 사실을 받아들이기 힘들다고? 하지만 이야기가 아니면 뭘까?

세상의 모든 것은 세 가지 종류로 나뉘어. 어떻게 세 종류로 나뉘는지, 또 국가는 어떤 종류에 속하는지 한번 살펴볼까?

첫 번째 종류로, **모든 사람이 보고 듣고 만질 수 있는 것들이 있어.** 돌, 강, 산 같은 것들이지. 왕국과 국가는 여기 속하지 않아. 보고 듣고 만질 수 없잖아. 예를 들어, 오늘날 가장 강한 국가인 미국을 생각해 봐. 너는 미국의 소리를 들을 수 없어. 미국은 소리를 내지 않으니까. 소는 '음매' 울고, 개는 '컹컹' 짖지만, 미국은 어떤 소리를 내지? 보거나 만질 수도 없어. 미국의 국기는 보고 만질 수 있지만, 국기는 13개의 줄과 50개의 별을 그려 놓은 알록달록한 천 조각일 뿐이야.

어떤 사람들은 미국이란 그 나라가 자리 잡은 땅이라고 말할지도 몰라. 땅은 당연히 볼 수 있고, 그 땅에 부는 바람 소리도 들을 수 있어. 심지어 세차게 흐르는 미시시피강에서 수영도 할 수 있지. 하지만 그 땅은 미국이 아니야. 북아메리카 대륙은 2억 년 전에 생겼어. 인간은 약 1만 5000년 전부터 그

멈출 수 없는 우리

곳에 살기 시작했어. 그런데 인간이 북아메리카 대륙에 도착한 뒤에도 수천 년 동안 미국은 없었어. 그 땅에는 수 *Sioux* 부족을 포함해서 많은 부족이 살았고, 카오키아 같은 도시들이 있었지. 카오키아의 시민들은 그 땅을 보았고 바람 소리를 들었으며 미시시피강에서 수영도 했지만, 미국이라는 나라는 들어 본 적이 없었지.

미국은 250년 전에 그 땅에 세워졌어. 사실 당시에 미시시피강은 미국에 속하지도 않았지! 100~200년 뒤에는 미국이 사라질지도 몰라. 하지만 땅은 그대로 있을 거야. 바람도 계속 불 테고 미시시피강도 수백만 년 동안 계속 흐를 거야.

따라서 미국과 고대 이집트, 그리고 그 밖의 모든 나라는 땅과 강처럼 우리가 보고 듣고 만질 수 있는 종류의 것이 아니야.

오직 너만 느낄 수 있는 것들

두 번째 종류로, **너는 느낄 수 있지만 다른 사람은 보거나 만질 수 없는 것들이 있어.** 이런 것들은 네 마음속에만 존재하지.

좋은 예가 통증이야. 네 엄지발가락이 식탁에 부딪히면 엄청 아픈 사람은 너뿐이야. 식탁은 아프지 않고, 아빠도 아프지 않아. 네가, "아야!" 하고 소리치면 아빠가 달려와 무슨 일이냐고 묻겠지. 그러면 너는 아빠에게, "엄지발가락이 아파요!" 하고 말해야 해. 아버지는 아프지 않으니까. 아빠가 너를 병원에 데려가면, 의사도 네 아픔을 느끼지 못해. 의사는, "아직도 아파?" 하고 물어보겠지. 전 세계에서 그 고통을 느끼는 사람은 오직 너뿐이야.

네 마음속에만 존재하는 것의 또 한 가지 좋은 예는 꿈이야. 네가 꾸는 꿈을 경험하는 사람은 너뿐이야. 네가 자면서 팔을 휘젓는 모습을 네 동생이 봤다고 생각해 봐. 네가 꿈속에서 수영을 하는지, 하늘을 나는지, 아니면 오케스트라를 지휘하는지 동생이 어떻게 알겠어?

아주 어릴 때 상상 속 친구를 사귀는 아이들도 있어. 자기 눈에만 보이고 자기 귀에만 들리는 친구지. 네 어린 동생도 그런 친구가 있을지 몰라. 어쩌면 '고고'라는 이름까지 지어 주었을 거야. 네 동생은 고고와 이야기를 나누고 함께 놀겠지만, 어느 날부터 동생이 고고의 존재를 믿지 않으면 고고는 사라져 버려. 동생 말고는 아무도 고고를 보거나 들을 수 없기 때문이지.

고대 왕국과 현대 국가는 통증이나 꿈, 또는 상상의 친구가 아니야. 네가 오늘부터 나라를 믿지 않는다고 해서 나라가 사라지지는 않아. 너 말고 많은 사람이 여전히 믿기 때문이지.

함께 꾸는 꿈

그러면 국가는 무엇일까? 국가는 미시시피강처럼 우리가 보고 느낄 수 있는 종류의 것이 아니야. 꿈처럼 오직 한 사람만이 마음속에서 보고 느낄 수 있는 종류의 것도 아니지.

국가는 세 번째 종류인 공동의 꿈이야. **사람들이 함께 꾸는 꿈이지.** 이 공동의 꿈은 이야기를 할 때 생겨. 네가 어떤 이야기를 100만 명에게 했는데 모두가 그 이야기를 믿으면 함께 꾸는 꿈이 생기는 거야.

누군가 공동의 꿈을 믿지 않는다고 해도 달라지는 건 별로 없어. 하지만 수백만 명이 그 이야기를 믿지 않기로 하면 그 꿈은 사라져 버려.

왕국과 국가는 함께 꾸는 꿈의 한 가지 예일 뿐이야. 그 밖에도 신과 돈처럼 많은 것들이 있어. 돈을 생각해 봐. 달러가 뭐지? 너는 달러가 공동의 꿈이 아니라 실제로 존재하는 것이라고 생각할 수도 있어. 보고 만지고 냄새도 맡을 수 있으니까. 하지만 그건 그냥 종이일 뿐, 실제로는 아무런 가치가 없어. 네가 배고플 때 **달러로 빵을 구울 수는 없어.** 목마를 때 달러의 즙을 짜서 마실 수도 없지. 안 그래?

그런데 왜 네가 가게에 가서 이 종잇조각을 내밀면 점원이 빵을 굽거나 즙을 내는 밀가루 포대나 파인애플을 줄까? 그건 이 종잇조각이 가치가 있다고 말하는 이야기를 모두가 믿기 때문이야. 그 이야기는 1달러가 파인애플 한 개와 비슷하다고 말하지. **돈 이야기는 이 세상에서 가장 중요한 이야기 가운데 하나야.** 수백만 명이 그 이야기를 믿기 때문에 이 종잇조각이 실제로 가치를 지니게 돼. 너는 돈으로 네가 원하는 거의 모든 것을 살 수 있어. 파인애플부터 우주선까지도.

만일 어느 과일 가게 주인이 오늘부터 달러를 믿지 않기로 하고, 달러를 들고 와도 과일을 주지 않는다고 해도 큰 문제가 되지 않아. 왜냐하면 다른 수많은 사람이 여전히 달러를 믿으니까. 너는 다른 가게에 가서 파인애플을 사면 돼. 하지만 모두가 달러를 믿지 않기로 하면 달러는 가치를 잃지. 종잇조각은 그대로지만, 100만 달러를 줘도 파인애플 한 개도 살 수 없을 거야. 기껏해야 화장실 휴지로나 쓸 수 있을 뿐이지!

아주아주 긴 꿈

달러, 미국, 고대 이집트 같은 것들이 꿈이라고 해서 중요하지 않다는 뜻은 아니야. 실제로 공동의 꿈은 세상에서 가장 중요하고 힘센 것이지. 그 덕분에 인간이 힘을 합쳐 도시, 다리, 학교, 병원을 세울 수 있으니까.

이런 꿈은 아주 오랫동안 계속되기도 해. 심지어 수천 년 동안 이어지지. 사람들은 죽지만 그들의 꿈은 그대로 있어. 자식과 손자들이 같은 꿈을 계속 꾸기 때문이야. 그러니까 **우리 모두는 죽은 사람들의 꿈속에서 살고 있는 셈이지.** 우리가 사용하는 돈, 우리가 사는 나라, 우리가 믿는 신들에 대한 꿈을 처음 꾼 사람들은 이미 죽었어. 우리가 새로운 꿈을 생각해 낼 수도 있어. 그래서 언젠가 우리가 죽으면 다른 사람들이 우리 꿈속에서 살아가겠지.

왜 자꾸 전쟁이 일어날까

이런 꿈과 이야기는 대단히 쓸모가 있어. 사람들이 이야기를 지어내지 않고 함께 꿈을 꾸지 않았다면 이 세상은 완전히 다른 모습이 되었을 거야. 서로를 모르는 사람들은 협력할 수 없었을 테니 인간은 아직도 아프리카 초원에 사는 보잘것없는 동물이었을지도 몰라. 고대 왕국에 살던 사람들은 둑과 저수지와 곡식 창고를 지을 수 없었을 거야. 오늘날 국가도 학교도 병원도 없었겠지. 자동차도 비행기도 컴퓨터도 없었을 테고.

하지만 꿈과 이야기는 큰 피해를 끼치기도 해. 남자가 여자보다 뛰어나다거나, 브라만이 달리트보다 우월하다는 불공평한 규칙들을 그럴듯하게 조장해 주거든. 때때로 사람들은 어떤 이야기를 너무 열심히 믿어서 그 이야기 때문에 전쟁터에 나가 수백만 명을 죽이기까지 해.

전쟁이 왜 이렇게 자주 일어나는지 생각해 본 적 있어? 다른 동물들은 보통 먹이나 영토를 차지하기 위해 싸워. 예를 들어, 무화과를 따 먹고 싶은 배고픈 침팬지 무리가 무화과나무에 있는 이웃 침팬지 무리를 보았다고 생각해 봐. 그들은 이웃 무리를 공격하고 죽일 수도 있어. 인간도 식량이나 영토 때문에 싸우지만, 오직 그 이유만으로 싸우는 경우는 거의 없어. **과거에 일어난 많은 전쟁은 이야기 때문이었어.**

약 1000년 전 유럽의 기독교 사제는 사람들에게 무시무시한 이야기를 들려줬어. 자신들이 위대한 기독교 신에게 메시지를 받았다고 주장했지.

"신께서는 세계 어느 도시보다 예루살렘을 사랑한다고 말씀하셨다. 그런데 기독교인이 아니라 이슬람교도가 예루살렘을 지배하는 모습을 보시고 화를 내셨지. 그래서 기독교인이 중동으로 가서 예루살렘을 정복하기를 바라신다. 신께서는 만일 기독교인이 이 전쟁에서 죽으면 그를 천국으로 맞이해 영원히 복을 받게 할 거라고 약속하셨다."

몇몇 사람은 이 이상한 이야기를 믿을 수 없었어. 한 늙은 여성이 물었어.

"잠깐만요, 신께서 세상을 창조하셨다고 하셨죠?"

"물론이다."

"그리고 신은 원하는 것은 무엇이든 할 수 있죠?"

"그렇다."

"신이 예루살렘을 원하신다고 하셨죠?"

"그렇지."

"그럼 그냥 가지면 안 돼요? 왜 힘없는 사람들의 도움이 필요하죠?"

"신은 매우 현명하시다. 그래서 사람들이 천국에 들어오도록 돕기 위해 그런 꾀를 내셨지. 신은 사실 예루살렘을 원하는 게 아니라, 사람들에게 천국의 길을

4장_죽은 자들의 꿈

알려 주고 싶어 하신다."

"이해가 안 돼요. 신이 더 많은 사람을 천국에 들어오게 하고 싶다면 그걸 누가 말리나요? 신은 이 전쟁이 왜 필요하죠? 신은 무엇이든 원하는 대로 할 수 있으니 그냥 모든 사람을 천국에 들여보내면 되지 않나요?"

사제는 마땅히 할 말이 없었어. 그래서 여성에게 입을 다물라고 했지.

"신은 우리보다 훨씬 똑똑하시기 때문에 당신 따위가 신을 이해할 수는 없어! 질문은 그만하고 시키는 대로 해. 안 그러면 지옥에 떨어질 테니까."

그 여성과 달리 **대부분 사람들은 들은 대로 믿었어**. 그래서 많은 사람이 예루살렘을 정복하러 갔지. 전쟁은 수년 동안 계속되었고, 100만 명이 넘게 죽었어. '십자군 전쟁'이라고 부르는 이 끔찍한 전쟁은 이야기 때문에 일어났지.

악마의 주문 깨뜨리기

십자군 전쟁은 수백 년 전에 끝났고, 오늘날 대부분 기독교인은 자기 조상이 어떻게 그런 이상한 이야기를 믿고 전쟁터에 나갔는지 이해하지 못해. 많은 사람들은 자기 조상이 저지른 짓을 부끄러워해.

이야기가 아무리 힘이 세다고 해도, 아무리 많은 사람이 그 이야기를 믿는다고 해도, **그건 그저 이야기일 뿐이야.** 우리는 죽은 사람들의 꿈속에 갇힐 수도 있지만, 거기서 나갈 방법이 있어.

이야기는 도구야. 매우 쓸모 있지만, 어떤 이야기가 사람들을 돕는 대신 비참하게 만든다면 바꿔야 하지 않을까?

그래서 사람들이 짐짓 중요하고 복잡한 무언가를 이야기할 때마다 우리는

4장 죽은 자들의 꿈

한 가지 중요한 질문을 해봐야 해. '이 이야기 때문에 괴로운 사람이 있을까?' 어떤 이야기가 쓸데없이 많은 사람을 괴롭힌다면 우리는 이야기를 지어내는 능력, 우리의 슈퍼 파워를 이용해서 그 이야기를 바꿔야 해.

사람들은 아주 오랫동안 믿어 왔던 이야기도 몇 년 만에 바꿀 수 있어. 예를 들어, 십자군 전쟁 이야기를 들려준 기독교 사제는 또 다른 이야기를 했어. 이번엔 사랑에 대한 이야기였지.

"신은 남자와 여자의 사랑은 경이로운 일이라고 말씀하셨다. 하지만 남자가 다른 남자와 사랑에 빠지거나 여자가 다른 여자와 결혼하고 싶어 하면, 신은 엄청 화를 내실 거다. 남자는 남자를 사귀면 안 되고, 여자는 여자를 사귀면 안 된다! 그건 혐오스러운 일이다!"

사람들은 이 이야기를 수백 년 동안 믿었어. 너무 열심히 믿은 나머지 아들이나 딸이 동성애자라는 사실을 알면 불같이 화를 냈지. 어떤 부모는 자식을 때리고 집에서 내쫓았어. 그것도 모자라 **잘못된 상대와 사랑에 빠졌다는 이유로** 자식을 죽이기까지 했지.

마치 사악한 마법사의 강력한 주문에 걸린 듯했어. 그 이유 말고 자식을 버리거나 죽이는 부모를 어떻게 이해할 수 있겠어? 그 주문은 절대 깨지지 않을 것처럼 보였지.

하지만 그때 몇몇 용감한 사람들이 이야기를 지어내는 슈퍼 파워를 발휘해서 마법사의 주문을 깨고 그 오래된 이야기에 의문을 던졌어.

"두 남자가 서로 사랑하거나 두 여자가 서로 결혼하고 싶은 게 뭐가 잘못이죠? 그들은 아무도 해치지 않아요. 구름 너머에 위대한 신이 있다면 잔인하고 폭력적이고 누군가를 증오하는 사람들을 처벌할 거예요. 사랑 같은 좋은 행동을 한 사람을 신이 왜 벌을 줄까요? 말이 안 되잖아요."

사람들은 수백 년 동안 동성애가 나쁜 짓이라고

믿었지만, 그 주문을 깨고 사람들의 마음을 바꾸는 데는 몇십 년밖에 걸리지 않았어. 물론 쉽지 않았고, 엄청난 용기가 필요했지.

미국 십대 소년 아론 프리크도 그 주문을 깬 사람 가운데 한 명이었어. 그는 로드아일랜드의 작은 도시 컴벌랜드에서 자랐지. 그곳 사람들은 동성애자는 혐오스럽고 불결하고 사악하다고 믿었어. 그래서 아론은 아무에게도, 심지어 부모님이나 누이에게도 자기가 동성애자라는 사실을 말하지 못했지. 그는 평생 외롭게 살아야 할까 봐 두려웠어.

그러다 학교에서 자기처럼 동성애자인 친구를 만났어. 폴이라는 소년이었지. 학교에서 봄마다 열리는 댄스파티를 준비하면서 **아론은 엄청난 용기를 냈어.** 폴에게 댄스파티 파트너가 되어 달라고 부탁한 거야. 이 일로 어떤 친구들은 아론을 따돌렸고, 교장 선생님은 아론에게 폴을 댄스파티에 데려오지 말라고 했지. 그래서 아론은 교장 선생님을 고소했어. 판사는 아론과 폴은 다른 커플과 똑같이 댄스파티에 참석할 권리가 있다고 판결했어.

1980년에 일어난 이 사건은 큰 뉴스거리가 되었어. 미국의 모든 텔레비전, 라디오, 신문은 물론이고, 평범한 사람들까지 이 이야기를 했지. 오늘날 미국 대부분 지역에서는 두 소년이 데이트한다고 해서 관심을 가지는 기자는 없어. 아론 같은 사람들 덕분에 평범한 일이 되었지.

이란과 우간다 같은 나라에서는 아직도 동성애자를 처벌해. 러시아 정부는 아론과 폴 같은 동성애자에 대한 이야기를 아이들이 읽지 못하도록 금지하지. 만일 네가 러시아 어린이라면 **이 책도 읽을 수 없다는 뜻이야!** 하지만 남자가 남자를 사귀지 못하게 금지하고, 여자가 여자를 사귀지 못하게 금지했던 많은 나라가 지금은 이 규칙을 폐지했어. 스웨덴부터 남아프리카공화국까지 많은 나라에서 지금은 두 남성이 결혼할 수 있고, 두 여성도 마찬가지야. 사람들은 아론과 폴의 일을 되돌아보면서, 몇십 년 전까지만 해도 그런 어리석고 해로운 이야기를 거의 모두가 믿었다는 사실에 놀라워하지.

여성을 둘러싼 헛소리 걷어 내기

최근에 바뀐 큰 이야기 한 가지는 아마 여성에 대한 이야기일 거야. 수천 년 동안 전 세계 사람들은 여자가 남자보다 못하고, 따라서 사제나 선생님이나 국가 지도자가 될 수 없다고 믿었어.

한 소녀가 물었어.

"여자가 그런 일을 할 수 없다는 걸 어떻게 알아요?"

그러면 사람들은 이렇게 대답했지.

"주변을 둘러봐. 여자 사제, 교사, 지도자가 있어? 그건 여자가 불결하고 멍청하고 약하다는 증거야!"

"어처구니없네요! 여성 사제나 교사, 지도자가 없는 이유는 그걸 못하게 막기 때문이에요! **학교에 가지 못하는데** 어떻게 교사가 될 수 있겠어요?"

불행히도 수천 년 동안 세상이 이랬어. 역사상 교사, 사제, 통치자가 된 여성은 손에 꼽을 정도였지. 예를 들어, 이집트의 클레오파트라와 러시아의 예카테리나 여제가 있어. 하지만 이들은 드문 경우였어.

지금도 많은 종교는 여성이 불결하다고 주장하며 여자가 사제가 되는 걸 금지해. 하지만 많은 곳에서 변화가 일어나기 시작했고, 이제는 소녀들도 소년들과 마찬가지로 학교에 다니고 있어. 지금은 여자 교사, 교수, 판사도 많아. 어떤 여성은 대통령과 총리까지 되었지. **그들은 남자만큼이나 국가를 잘 운영할 수 있다는 사실을 증명했어.**

여성의 이야기를 바꾸기까지는 많은 사람들의 용감한 행동이 있었어. 그중 한 명이 1997년에 파키스탄 밍고라에서 태어난 말랄라 유사프자이야. 말랄라가 열한 살 때 밍고라 지역은 광신도 집단 탈레반의 공격을 받았어.

탈레반은 신이 남자를 여자보다 우월하게 창조했기 때문에 여자아이가 학교에 다니면 신이 화낸다고 믿어. 그래서 소녀들이 학교에 다니지 못하게 막았고, 여자아이를 받아 준 학교를 100곳 넘게 파괴했지!

하지만 말랄라는 공부를 좋아해서 위험을 무릅쓰고 계속 학교에 다니겠다고 결심했어. 또 탈레반에 반대한다고 당당하게 말했지. 말랄라는 블로그에 자기 일상을 올리기 시작했고, 나중에는 신문사와 인터뷰도 했으며, 텔레비전에도 출연했어. 말랄라는 여자도 학교에 다닐 수 있어야 한다고 말했어. 그리고 신이 여자는 공부하면 안 된다고 했다는 말은 그저 성난 남자들이 지어낸 거라고 주장했지. 말랄라는 **여자도 남자만큼 훌륭하며, 여자가 교사와 의사가 된다면 모두에게 도움이 될 거라고 했어.**

이런 행동을 하는 데는 대단한 용기가 필요했지. 말랄라는 목숨이 위험한데도 사람들에게 계속 말했어.

"아이 한 명, 교사 한 명, 책 한 권, 연필 한 개가 세상을 바꿀 수 있어요."

말랄라가 열다섯 살이던 어느 날이었어. 한 남자가 말랄라가 탄 스쿨버스를 멈추어 세우고 총을 꺼내 말랄라 머리에 쐈어. 전 세계 사람들이 이 일에 충격을 받았고, 말랄라가 무사하기를 바랐지. 말랄라는 세계에서 가장 유명한 십대 중 한 명이 되었어. 파키스탄에서는 여자도 학교에 다니게 하자는 청원에 200만 명이 서명했고, 파키스탄 의회는 그 내용을 법으로 만들었지.

말랄라는 총상에서 회복한 뒤 전 세계를 다니며 소녀들이 교육받을 수 있게 도왔어. 말랄라가 자기 삶에 대해 쓴 책은 수백만 권이 팔렸지. 말랄라는 미국 대통령과 많은 지도자의 초청을 받았어. 그리고 겨우 열일곱 살 때 노벨 평화상을 받았어. 노벨상 수상자 가운데 가장 어린 나이였지.

말랄라 같은 사람들 덕분에 지금은 **거의 모든 나라 사람들이 소녀도 학교에 다녀야 한다는 사실을 받아들이고 있어.** 무엇보다 여성에 대한 오래된 이야기가 거짓이었다는 사실이 밝혀졌지. 그 이야기는 완전히 헛소리였어. 수많은 사람들은 왜 말도 안 되는 이야기를 수천 년 동안 믿었을까?

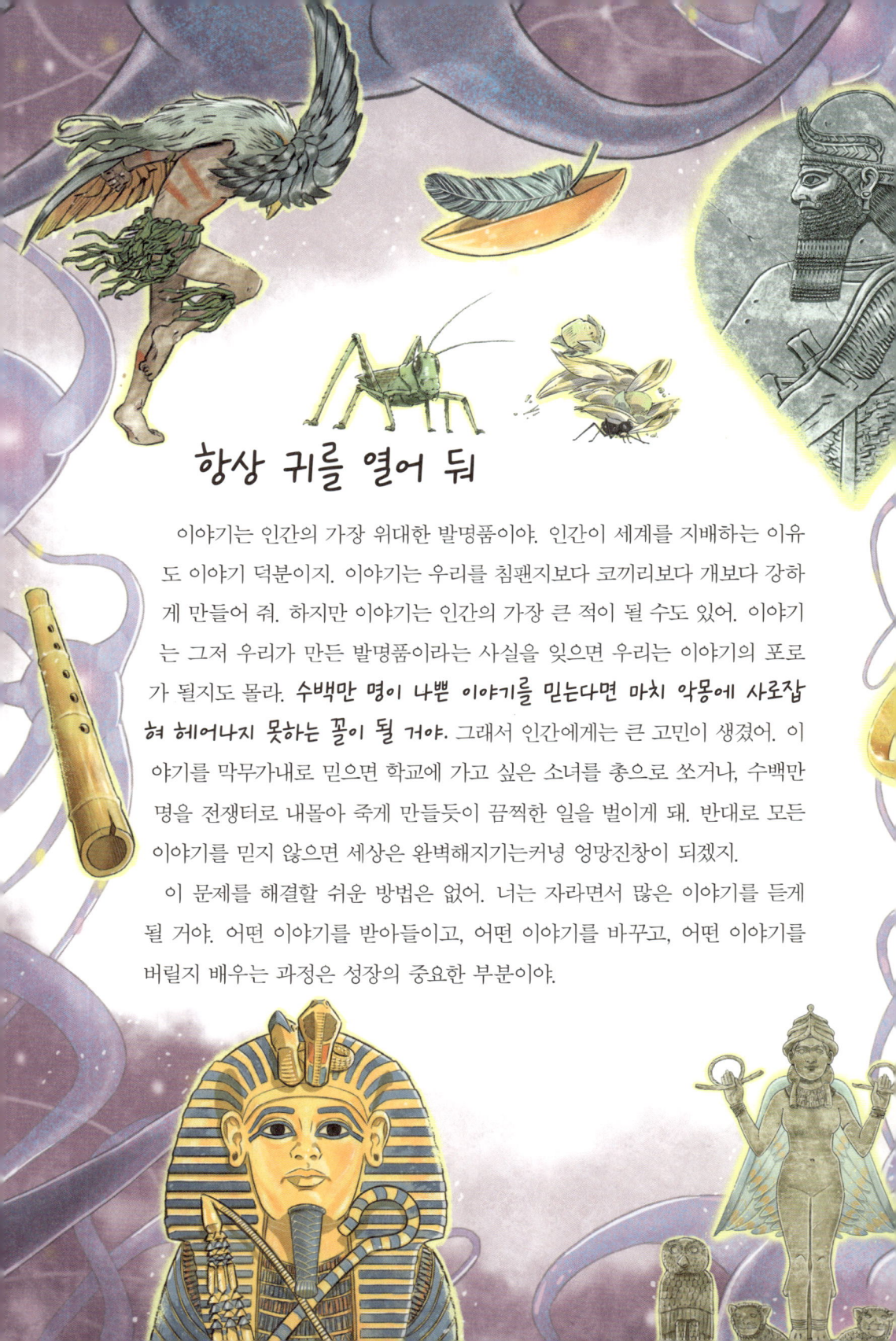

항상 귀를 열어 둬

이야기는 인간의 가장 위대한 발명품이야. 인간이 세계를 지배하는 이유도 이야기 덕분이지. 이야기는 우리를 침팬지보다 코끼리보다 개보다 강하게 만들어 줘. 하지만 이야기는 인간의 가장 큰 적이 될 수도 있어. 이야기는 그저 우리가 만든 발명품이라는 사실을 잊으면 우리는 이야기의 포로가 될지도 몰라. **수백만 명이 나쁜 이야기를 믿는다면 마치 악몽에 사로잡혀 헤어나지 못하는 꼴이 될 거야.** 그래서 인간에게는 큰 고민이 생겼어. 이야기를 막무가내로 믿으면 학교에 가고 싶은 소녀를 총으로 쏘거나, 수백만 명을 전쟁터로 내몰아 죽게 만들듯이 끔찍한 일을 벌이게 돼. 반대로 모든 이야기를 믿지 않으면 세상은 완벽해지기는커녕 엉망진창이 되겠지.

이 문제를 해결할 쉬운 방법은 없어. 너는 자라면서 많은 이야기를 듣게 될 거야. 어떤 이야기를 받아들이고, 어떤 이야기를 바꾸고, 어떤 이야기를 버릴지 배우는 과정은 성장의 중요한 부분이야.

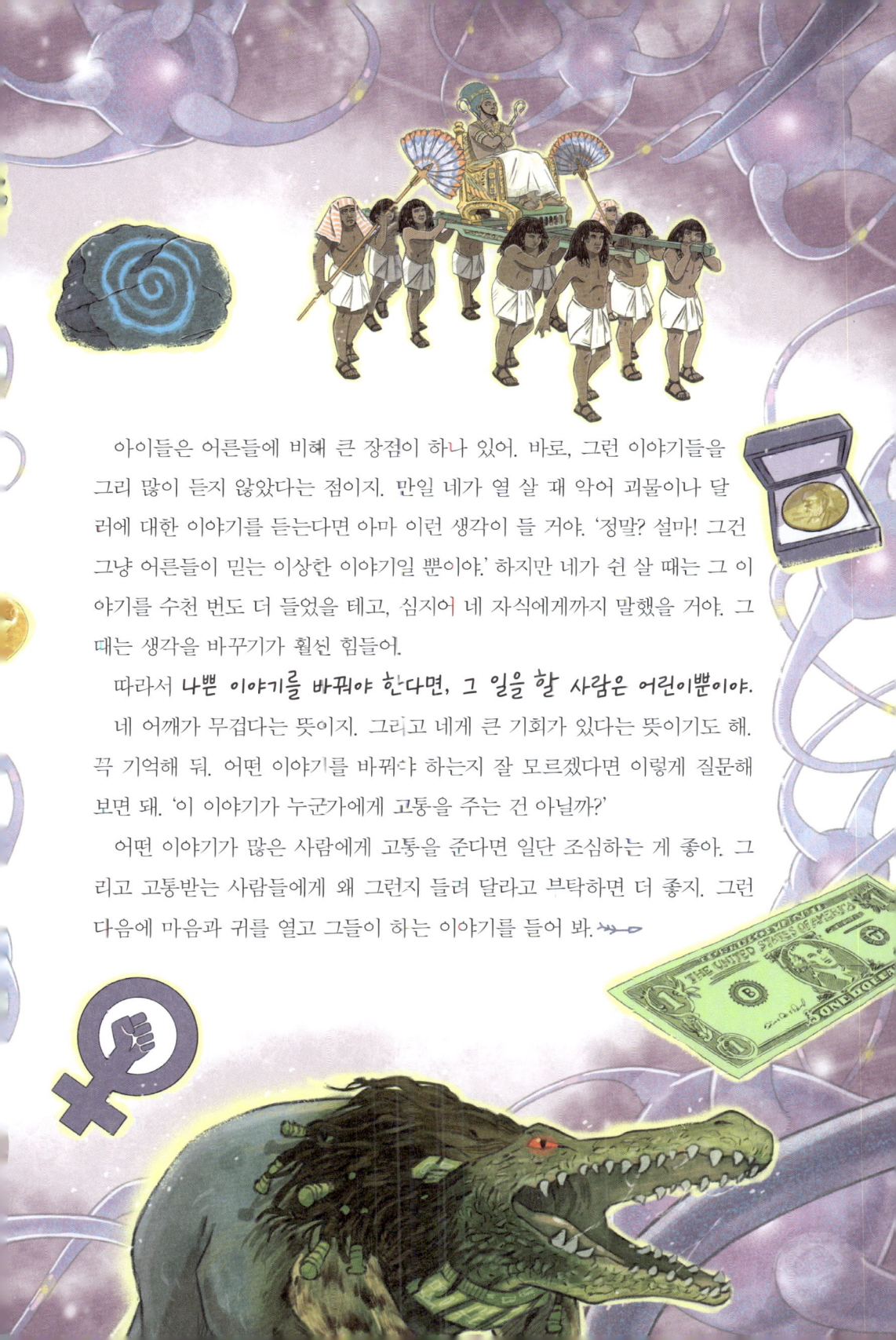

　아이들은 어른들에 비해 큰 장점이 하나 있어. 바로, 그런 이야기들을 그리 많이 듣지 않았다는 점이지. 만일 네가 열 살 때 악어 괴물이나 달러에 대한 이야기를 듣는다면 아마 이런 생각이 들 거야. '정말? 설마! 그건 그냥 어른들이 믿는 이상한 이야기일 뿐이야.' 하지만 네가 쉰 살 때는 그 이야기를 수천 번도 더 들었을 테고, 심지어 네 자식에게까지 말했을 거야. 그대는 생각을 바꾸기가 훨씬 힘들어.

　따라서 **나쁜 이야기를 바꿔야 한다면, 그 일을 할 사람은 어린이뿐이야.** 네 어깨가 무겁다는 뜻이지. 그리고 네게 큰 기회가 있다는 뜻이기도 해. 꼭 기억해 둬. 어떤 이야기를 바꿔야 하는지 잘 모르겠다면 이렇게 질문해 보면 돼. '이 이야기가 누군가에게 고통을 주는 건 아닐까?'

　어떤 이야기가 많은 사람에게 고통을 준다면 일단 조심하는 게 좋아. 그리고 고통받는 사람들에게 왜 그런지 들려 달라고 부탁하면 더 좋지. 그런 다음에 마음과 귀를 열고 그들이 하는 이야기를 들어 봐.

이야기들이 서로 만날 때

이제 너는 왜 세상이 공평하지 않은지 알았을 거야. 그 밖에도 많은 사실을 알았지. 왜 학교에서 시험을 치르는지, 흙장난이 어떻게 역사를 완전히 바꾸었는지, 그리고 어른들이 왜 세금을 무서워하는지 말이야. 또 너는 개가 어떻게 사람들의 가장 친한 친구가 되었는지, 왜 **계획이 항상 의도한 대로 흐르지만은 않는지**, 어째서 어떤 사람들은 개미처럼 일하고 어떤 사람들은 베짱이처럼 사는지도 알았을 거야. 어떻게 하면 해골의 이야기를 들을 수 있는지, 최초의 시인이 누구였는지, 어떤 종류의 악어가 왕관을 쓰고 금귀걸이를 걸었는지도 알았지. 어째서 어떤 사람들은 왕이 되었고 어떤 사람들은 노예가 될 수밖에 없었는지도 알았어. 그리고 왜 아케나켄 같은 파라오가 100만 명에게 명령을 내릴 수 있고, 왜 모든 사람이 그 명령에 따랐는지도 알았지.

그런 불공평한 세상이 식물이나 동물과 관계가 있다는 사실도 알았어. **우리 조상은 수백만 년 동안 작은 무리를 지어 살았고, 다른 존재를 지배하려 들지 않았어.** 우리 조상은 식물을 따고 동물을 잡았지만, 식물과 동물에게 명령하지는 않았어. 한 사람이 다른 사람들에게 명령을 내리지도 않았지.

하지만 지난 1만 년 동안 인간은 점차 큰 도시와 왕국을 세웠고, 점점 더 다른 존재를 지배하려 들었어. 사람들은 식물과 동물을 지배하는 방법을 깨우쳤고, 어떤 사람들은 다른 사람들을 지배하는 방법도 익혔지.

너도 이제 알듯이, 이 모든 일은 이야기 때문에 가능했어. 그 이야기는 점점 크고 복잡해졌지. 작은 부족은 작고 단순한 이야기로도 충분했지만, **큰 왕국은 크고 복잡한 이야기가 필요했어.** 심장을 먹는 괴물, 자신의 뇌로 달을 만든 괴물, 신만이 맡을 수 있는 마법의 냄새 같은 이야기 말이야. 사람들은 아케나켄 같은 왕이 시키는 대로 일하면서 온갖 불공평한 규칙을 따랐어. 이 모두가 그들이 믿은 이야기 때문이었지.

그런 이야기는 나라마다 달랐어. 이집트 사람들은 이집트의 이야기를 믿었기 때문에 이집트의 규칙을 따랐어. 인도 사람들은 인도의 이야기를 믿었기 때문에 인도의 규칙을 따랐지. 중국 사람들은 완전히 다른 규칙과 이야기를 가지고 있었고, 일본 사람들도 마찬가지였어.

이집트인이 인도인을 만나거나 중국인이 일본인을 만났을 때 어떤 일이 벌어졌을까? **다른 나라에서 온 사람들이 어떻게 의견을 하나로 모을 수 있었을까?** 모두가 함께 믿는 어떤 이야기를 찾아냈을까? 아니면 만날 때마다 싸웠을까?

오늘날 너는 세계 어디든 갈 수 있고, 어디를 가도 똑같은 규칙을 발견할 수 있어. 어디를 가도 똑같은 규칙에 따라 축구 경기를 하지. 어디를 가도 돈으로 파인애플을 살 수 있어. 어디를 가도 사람들은 빨강 신호등이 켜지면 멈추지. 어떻게 이런 일이 일어났을까? 몇몇 이야기와 규칙은 어떻게 전 세계로 퍼져 나갔을까?

음, 그건 또 다른 이야기야. 🖐

감사의 말

책에는 몇 명의 '부모'가 있을까? 너는 아마 글을 쓴 작가 한 명, 또는 삽화를 그린 화가와 함께 두 명이라고 생각했을 거야. 하지만 실제로 한 권의 책이 출간되려면 책 표지에 인쇄된 이름 말고도 많은 사람의 노력이 필요해.

이 책이 나오기까지 정말 많은 사람이 수많은 장소에서 작가인 내가 할 수 없고 할 줄도 모르는 많은 일을 했어. 그분들이 없었다면 <멈출 수 없는 우리> 시리즈는 세상에 나오지 못했을 거야.

어떤 사람들은 이 책에 적힌 것이 사실이 맞는지 확인하기 위해 몇 달 동안 고대 개부터 고대 신까지 온갖 주제에 대한 과학 논문을 읽어야 했어. 또 어떤 사람들은 문장이 전달하려는 메시지를 정확하게 전달하는지 곰곰이 생각해 봤지. 독자가 역사에 대해 알았으면 싶은 것을 제대로 표현했나? 혹시 잘못 알아들을 위험은 없을까? 누군가에게 상처를 주지는 않을까? 또 다른 사람들은 문장을 다듬었어. 문장이 알기 쉽게 쓰였나? 좀 더 알기 쉽게 쓸 수는 없을까? 삽화에 대해서는 말도 꺼내지 마. 어떤 그림은 이야기에 딱 맞을 때까지 열 번이나 다시 그리고 색칠해야 했지.

그래서 문장 하나, 삽화 한 장을 완성하는 데도 여러 통의 메일과 전화, 여러 번의 회의가 필요했어. 누군가는 그 모든 메일과 전화 통화를 연결하고 회의를 잡아야 했지. 그리고 계약서에 서명을 하고 급여도 지불해야 했어. 물론 음식을 깜빡하면 안 되지. 배가 고프면 아무 일도 할 수 없잖아?

나와 이 책을 '함께 낳느라' 애써 준 '부모들' 한 명 한 명에게 고맙다고 인사하고 싶어. 그들이 없었다면 나는 절대 해내지 못했을 거야. 그러니 그분들의 고생을 알아주는 것은 세상을 눈곱만큼이라도 더 공평하게 만드는 방법이 아닐까.

리카르드 루이스는 인간의 역사에 숨을 불어넣는 아름다운 삽화를 그렸어. 조녀선 벡은 이 계획이 결실을 맺을 수 있도록 첫날부터 열심히 뒷바라지해 주었지. 수잰 스타크와 세바스티안 울리히는 어린이의 눈으로 세상을 보는 법과, 더 간단하고 알기 쉽고 깊은 의미를 지닌 글을 쓰는 방법을 가르쳐 주었어. 그들은 한 자도 빼놓지 않고 꼼꼼하게 읽으면서, 재미있고 알아듣기 쉽게 쓰려다가 혹시 과학을 틀리지는 않았나 확인해 주었어.

뛰어난 경영자인 나아마 아비탈이 이끄는 사피엔스십 팀도 빼놓을 수 없지. 그들의 창의성, 전문성, 부지런함이 없었다면 이 책은 나오지 못했을 거야. 팀원들을 소개할게. 나아마 바르텐베르크, 아리엘 레틱, 니나 지비, 제이슨 패리, 한나 샤피로, 셰이 아벨, 다니엘 테일러, 미카엘 주르, 짐 클라크, 왕자산, 코린 들라크루아, 도르 실턴, 첸광위, 나다프 노오 만, 트리스탄 머프, 갈리에테 카치르, 안나 곤타르, 첸 아브라함이야. 또한 도움을 준 체하벅 출판사의 프리데리케 플레셴베르, 재능 넘치는 편집자 아드리아나 헌터, 다양성 자문위원 글라바 그린버그, 그리고 이 책을 만드는 일에 참여한 팀원 모두에게 고마움을 전하고 싶어.

또한 이 책을 수십 개의 다른 언어로 번역해 전 세계 어린이들이 읽을 수 있도록 엄청난 작업을 해 주신 모든 분들께도 감사 드립니다.

사랑하는 어머니 프니나, 누이 에이나트와 리아트, 조카 토메르, 노가 마탄, 로미, 유리에게도 사랑과 응원을 보내 줘서 고맙다고 말하고 싶어. 할머니 파니는 내가 〈멈출 수 없는 우리〉 시리즈를 쓰는 동안 100세를 일기로 돌아가셨어. 항상 친절하고 즐겁게 사셨던 할머니를 나는 영원히 잊지 못할 거야.

마지막으로 아무도 '멈출 수 없는' 동반자 이지크에게 고맙다고 말하고 싶어. 그는 오랫동안 이 책을 만들기를 꿈꾸었고, 이 책을 포함한 여러 계획을 현실로 만들기 위해 나와 함께 사피엔스십 회사를 세웠으며, 21세기를 사는 내게 영감을 불어넣고 사랑하는 동반자가 되어 주었어.

— 유발 하라리

형제 하비에르, 호르헤, 카를로스, 그리고 부모님 이사벨과 프란시스코에게 바칩니다.
나와 같은 직업을 가진 호모 사피엔스 동료들의 지식과 우정에 감사 드립니다. 창작 과정의 모든 단계에서 길잡이가 되어 준 사피엔스십의 전문가 팀도 고맙습니다. 무엇보다 내 그림을 믿고, 내 그림이 그의 글과 함께 지구 반 바퀴를 돌 수 있게 해 준 유발 하라리에게도 감사 드립니다.

— 리카르드 루이스

역사
세계 지도

• 문자의 출현

작물과 가축